# 4차산업혁명이라는 거짓말

과도한 열풍을 바라보는 여러 가지 시선
# 4차산업혁명이라는 거짓말

⊙ 손화철 외 지음 ⊙

북바이북

**머리말**

# 4차산업혁명 시대를 제대로 살아가려면

한기호 한국출판마케팅연구소장

사물인터넷, 빅데이터, 클라우드 컴퓨팅, 모바일, 인공지능 등이 역사적인 대분기를 초래하고 경제를 넘어 모든 분야에 메가톤급 파장을 몰고 올 기술적 혁신이라 강변하는 수사에는 어쩐지 공허하고 자기 패배적인 기운이 드리워져 있다. 그것은 기술 유토피아가 되기 위한 핵심적인 요건을 구비하고 있지 못하기 때문이다. 기술적 유토피아가 꿈꾸는 미래의 행복은 4차산업혁명에서는 전연 등장하지 않는다. 지난 시기 산업혁명 때마다 다투어 등장했던 행복한 미래의 전경이 4차산업혁명의 서사 속에서는 거의 자취를 감추고 있다.

서동진 계원예술대 융합예술학과 교수는 〈창작과비평〉 2017년 가을호에 실린 「지리멸렬한 기술유토피아」에서 들뜨고 있는 4차산업혁명의 분위기를 비판적으로 정리했다.

그는 "4차산업혁명의 기술유토피아는 '유토피아 없는 유토피아'라는 점을 먼저 확인할 필요가 있다. 그것은 행복과 자유 가운데 어느 것도 가져다주지 않기 때문이다."라고도 비판했다. "증기기관의 발명과 기계제 생산을 통한 1차산업혁명이든, 전력화와 더불어 진행된 대량생산체제의 2차산업혁명이든 그 모두는 기술유토피아의 꿈속에 사회적 유토피아의 꿈을 품고 있었다." 뿐만 아니라 이때까지는 "불가능한 듯 보이던 꿈을 기술유토피아는 약속했고 실현했다"는 것이다.

그러나 "모두가 잠든 이른 새벽의 점령군처럼 눈 깜짝할 사이에 한국사회를 지배하기 시작한 4차산업혁명"(『4차산업혁명은 없다』, 이인식 지음, 살림, 2017)은 "빅데이터, 공유경제, 가상·증강현실, 인공지능, 사물인터넷, 메이커 운동 등 첨단 어벤저스급 기술들의 총합이 자본주의 경제 부흥의 역할자로 호명"(이광석, 이 책 40쪽)되고 있지만 여전히 실체가 불분명하다.

2016년 1월 20일부터 스위스 다보스에서 나흘간의 일정으로 열린 제46회 세계경제포럼(WEF·다보스 포럼)에서 '4차산업혁명의 이해 Mastering the Fourth Industrial Revolution'라는 주제가 논의되기는 했지만 아직 한국을 제외한 나라에서는 '4차산업혁명'이라는 용어를 거의 사용하지 않는다. 그런데도 유독 한국에서는 "4차산업혁명의 여러 기술들이 거의 모든 방면에서 오늘날 한국 사회의 적폐와 구질구질한 현실을 돌파하는 혁신의 수사로 등극"(이광석, 41쪽)하고 있다.

실체가 불분명한 용어이자 개념인 4차산업혁명이 "생각보다 빠르게 대중의 의식을 장악"(이광석, 40쪽)해가고 있는 이유는 무엇일까? 박근혜 정부 시절인 "2013년부터 3년간 21조 5,000억 원의 창조경제 예산이 투입됐고, 그 규모는 22조 원의 예산이 투입된 이명박 정부의 4대강 사업과 비슷하다. 정권의 치적으로 내세울 성과물을 조급하게 재촉한 것도 창조경제가 실패한 주요 원인"(임태훈, 101쪽)이었다. 그런데 박근혜 정부는 "빅데이터, 사물인터넷, 인공지능, 증강현실, 가상현실 등의 첨단 기술 이슈를 연이어 띄우고, 2016 다보스포럼 이후 세계적 유행어로 부상한 4차산업혁명까지 재빨리 선점해 창조경제론에 등치시켰다."(임태훈, 102쪽)

4차산업혁명이 우리의 삶을 지배하는 담론이 된 데에는 2017년 5월의 대통령 선거도 큰 역할을 했다. 대선 과정에서 모든 후보가 자신이 4차산업혁명을 수행할 적임자라고 주장했다. 특히 "문재인 후보는 대통령 직속 4차산업혁명위원회를 설치하고, 초고속 사물인터넷망과 자율주행차가 달릴 수 있는 스마트 고속도로를 건설하겠다는 등의 공약을 제시했다. 그러자 안철수 후보는 문재인 후보의 공약이 1970년대 박정희 패러다임식 정부 주도형 발상이라며 각을 세우고, 4차산업혁명에 대비한 교육 혁신으로 5-5-2 학제 개편안을 내놨다. 4차산업혁명 관련 공약을 교육 정책으로까지 확산시킨 셈이다."(이정모, 137쪽)

『4차산업혁명이라는 거짓말』은 〈기획회의〉 440호 특집 '인더스트리 4.0, 혁명인가 최면인가'를 확장한 것이다. 일부 글을 보충해서 늘리고 일부 글은 추가했다. 이 책은 박근혜 정부에서 시작해 문재인 정부까지 이어진 4차산업혁명에 대한 과도한 열풍에 대한 진단을 한 후 나름의 해법을 제시하기 위해 기획되었다.

"문재인 정부가 추진하게 될 4차산업혁명 생태계 구축 정책은 박근혜 정부의 창조경제와 많은 부분에서 겹친다. 공약으로 제시된 내용만 놓고 본다면, 정부의 전문성과 신뢰성을 보강해 본격적으로 제대로 하겠다는 태세 전환에 더 가깝다. 문재인 정권이 종료된 이후에 확인하게 될 결과가 이름만 바꾼 창조경제 2기에 그치지 않으려면 어떤 고민이 필요할까." (임태훈, 99쪽)를 제시하는 것이 이 책의 진정한 기획의도다.

이 책은 펴내는 지금도, 4차산업혁명은 수단에 머물지 않고 목표로 여겨지고 있다. 그래서 더욱 안타깝다. 문재인 정부가 출범한 지도 4개월 가까이 되었다. 지금이라도 늦지 않았다. 4차산업혁명의 진정한 승리자가 되기 위해서는 우리의 "전략적 포지션"을 찾아내기 위해 "매우 고통스러운 자기성찰"을 해야만 한다. 이 책이 그런 성찰의 시발점이 되었으면 한다.

대선 과정에서 출마자들이 국민에게 심어준 4차산업혁명의 이미지는 일자리를 잃을지도 모른다는 공포감과 새로운 일자리를 찾아야 한다는 두려움뿐이었다. 세밀한 방안이 없었다. 그런 면에서 우리는 4차산업혁명의 실체를 명확하게 이해할 필요가 있다. 〈기획회의〉 특집의 인트로 「4차산업혁명이 웬 말이냐」에서 교양과학자 이정모는 "한국사회에서 하나의 신앙이 되고 있는 4차산업혁명은 마치 창조경제의 허언처럼 들리기도 한다"고 말했다.

그는 또 "1차혁명에 증기기관, 2차 혁명에 세탁기, 3차 혁명에 인터넷이라는 대표 기술이 있다면 4차 혁명에도 대표 기술이 있을까. 대부분의 사람들은 주저 없이 인공지능$^{AI}$, 사물인터넷$^{IoT}$, 자율자동차 같은 새로운 기술을 나열한다. 하지만 이것은 본질을 잘못 본 것이다. 새로운 기술이 나올 때마다 혁명의 차수를 높이는 것은 의미 없다. 본질을 봐야 한다."고 지적했다.

그렇다면 본질은 무엇일까? 이정모는 "세탁기가 대중화되기 전까지는 여성 직업인의 50%가 가정부였다. 세탁기가 대중화되면서 가정부라는 직업이 사라졌으며 가사노동에서 벗어난 여성들이 돈을 벌 수 있게 되자 남아선호 사상이 점차 줄어들었다. 1차산업혁명기에는 뉴스가 증기선을 타고 대서양을 건너는 데 2~3주가 걸렸지만 2차산업혁명의 결과로 뉴스가 전선을 타고 이동하게 되자 그 시간은 20~30분으로 단축되었다. 1차산업혁명이 생존물질을 공급했다면 2차산업혁명은 우리 삶의 질을 높였다."고 했다. 이어서 3차산업혁명인 인터넷혁명은 혁명인지도 모르고 지나갔는데 어느새 4차산업혁명이 등장했다. 3차와 4차산업은 본질적으로 같다는 지적마저 있다.

4차산업혁명 찬양론자들이 밝힌 가까운 미래를 생각해보자. 누구나 자율주행 자동차를 타고 출근하면서 화장을 하거나 아침밥을 먹는다. 또 누군가는 전화를 걸거나 책을 읽는다. 드론으로 백화점에서 산 물건을 집으로 옮긴다. 아이나 노인을 돌보는 로봇이 저마다의 가정에서 중요한 역할을 한다. '구글 프린트'Google Print 와 같은 인공지능을 이용해 검색으로 웬만한 지식을 확보하게 된다. 대부분의 가전제품은 인터넷으로 연결되어 있어 우리는 스마트폰을 작동하면서 매우 편한 삶을 누리게 된다.

과연 이런 세상이 올 것인가? 4차산업혁명이 '실체가 없는 유령'일지라도 이미 기술이 우리 삶을 변혁시키기고 있는 것은 사실이다. 그런 면에서 '세탁기'와 '인공지능'이 '기술'이라는 점에서 개념상 같은 것이라고 본다면 우리는 인공지능을 두려워할 필요가 없을지도 모른다. 전 세계 책을 한 장소에 모은 거대 도서관을 만들겠다는 인류의 꿈을 현실화하려는 '구글 프린트'와 아마존이 꿈꾸는 모든 책을 하나로 연결한 '한 권의 책'이야말로 진정한 인공지능일 것이다. 이런 기술이 현실화되면 우리는 세탁기와 같은 대단한 '비서'를 둔 것이나 마찬가지다. '한 권의 책'의 비즈니스 모델은 전기와 물과 가스처럼 누구나 자유롭게 이용하면서 사용한 만큼 사용료를 내면 그만인 '유틸리티 모델'이다. 앞으로 기하급수적으로 늘어나는 정보의 저장, 보관, 이동은 인공지능에게 맡기고 우리는 인공지능이 할 수 없는 새로운 능력을 키워야만 한다.

4차산업혁명에 대한 논란에도 불구하고 "2011년 초등학교에 입학한 아이들의 65%는 대학졸업 후 지금은 존재하지 않는 직업을 가지게 될 것"(뉴욕주립대학대학원센터 캐시 데이비슨 교수)이라거나 "앞으로 10년에서 20년 정도면 미국 고용자의 절반 가까이가 하고 있는 일이 자동화될 가능성이 높다"(옥스퍼드대학 마이클 오스본 준교수)는 예측이 달라지는 것이 아니다. 이런 사회에 적응하려면 교육부터 바뀌어야 한다. 이런 변화에 적응하기 위해 일본은 사지선다형 대학입시인 '센터시험'을 2020년부터 폐지하기로 결정했다. 이 조치는 '학력'과 '생각하는 힘'이라는 두 가치관 중에서 '생각하는 힘'을 선택한 것이다. '학력'은 인공지능이라는 비서가 많이 맡아줄 것이라 믿기 때문일 것이다.

이와 함께 일본의 문부과학성은 교육 개혁의 지침이라 할 "학교가 길러줘야 할 3가지 힘", 즉 학력의 3요소를 미리 제시했다. 과제 해결을 위해 필요한 협력하여 일하는 힘, 자신의 생각을 표현하는 힘, 창의적인 사고력 등은 "'지식의 습득'에서 '지식의 활용'으로" 라는 요점에 부합하는 능력(힘)이다. 이제 학교에서는 '티칭'teaching이 사라지고 학생 스스로 학습하는 '러닝'learning이 대세가 될 것이다. 교사는 인공지능을 활용해 자발적인 러닝을 하는 학생을 도와주는 '코치', 혹은 '프로듀서'로 역할을 바꿔야 한다. 학교는 평생 써먹을 지식을 가르치는 것이 아니라 평생 학습하는 방법을 알려줘서 급변하는 세계에서 적응할 수 있게 만들어야 한다. 그래서 문재인 정부는 교육부터 완전히 혁신해야 한다. 과연 그럴 준비가 되어 있는지 묻고 싶다. 이게 이 책을 펴낸 진정한 이유다.

### ⊙ 한기호

한국출판마케팅연구소 소장. 출판평론가. 지은 책으로 『출판마케팅 입문』, 『디지털과 종이책의 행복한 만남』, 『e-북이 아니라 e-콘텐츠다』, 『열정시대』, 『20대, 컨셉력에 목숨 걸어라』, 『베스트셀러 30년』, 『새로운 책의 시대』, 『한기호의 다독다독』, 『마흔 이후, 인생길』, 『나는 어머니와 산다』, 『인공지능 시대의 삶』, 『하이콘텍스트 시대의 책과 인간』, 『우리는 모두 저자가 되어야 한다』 등과 다수의 공저서가 있다.

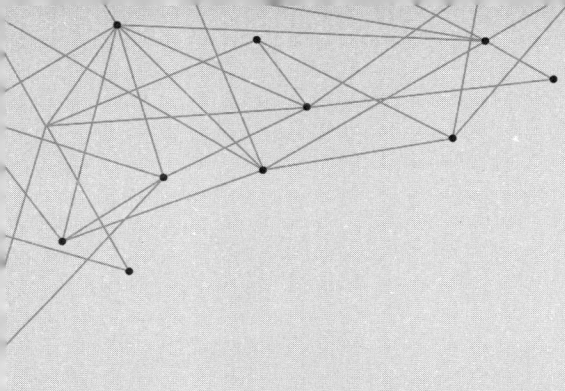

차례

**머리말 / 4차산업혁명 시대를 제대로 살아가려면** … 5
한기호 한국출판마케팅연구소장

**4차산업혁명과 노동의 자리: 러다이트 운동의 교훈** … 17
손화철 한동대학교 교양학부 기술철학 교수

**4차산업혁명과 시민 테크놀로지적 전망** … 37
이광석 서울과학기술대학교 교수

**4차산업혁명과 문화콘텐츠** … 59
이정엽 순천향대 한국문화콘텐츠학과 교수

**이것은 창조경제 2기입니까?** … 97
임태훈 대구경북과학기술원 융복합대학 기초학부 교수

**콘텐츠 생태계와 4차산업혁명** … 111
장은수 출판평론가

**부록 / 4차산업혁명을 바라보는 여러 가지 시선** … 129
이정모 서울시립과학관장

찾아보기 … 157

# 4차산업혁명과 노동의 자리: 러다이트 운동의 교훈

손화철 한동대학교 교양학부 기술철학 교수

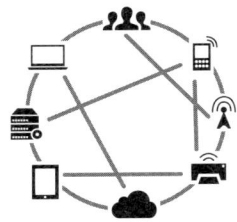

역사는 그것을 기록하고 사용하는 이들에게만 유리한 것이어서, 자신들의 현재를 나름대로 치열하게 살았던 옛날 사람들의 삶은 평가와 비판의 대상이 되고 만다. 1차산업혁명 당시 영국에서 새로 생긴 직조기계를 부수고 불태웠던 이른바 러다이트 운동의 숙련노동자들이 대표적인 경우다. 실존 인물이 아닌 것으로 추정되는 운동 지도자 네드 러드[Ned Ludd]의 이름을 따서 러다이트 운동이라 불리는데, 이것을 '기계파괴운동'으로, 그 운동의 정신을 일컫는 러드주의[Luddism]를 '기계파괴주의'로 번역하기도 한다. 기계의 도입으로 일자리를 잃었던 이들의 절박함까지는 매도되지 않았으나, 그들의 저항은 역사의 도도한 흐름을 파악하지 못한 시대착오적 사고의 대명사가 되고 말았다.

4차산업혁명에 대한 관심이 높아지면서 또다시 대량 실

업에 대한 걱정이 커지고 있다. 인공지능과 로봇, 사물인터넷 등의 사용이 급속도로 보편화됨에 따라 생산직뿐만 아니라 사무직에서도 인력 감축이 가속화될 것이라는 우려가 높다. 4차산업혁명이라는 말을 유행시킨 이들조차 이 문제를 심각하게 받아들이고 있지만, 이런 우려를 모두 '제2의 러다이트 운동'을 하자는 것이냐며 폄훼하는 이들도 존재한다. 그러나 이런 평가는 역사적, 현실적으로 적절하지 않다. 1차산업혁명과 4차산업혁명이 공히 실업의 공포를 야기한다 해서 비슷한 상황이라 몰아붙이는 것은 지나치게 단순한 논리다. 특히 19세기의 러다이트 운동을 곡해한 경우에는 더욱 그러하다.

이제 얼추 200주년을 맞이하는 러다이트 운동에 대한 재평가가 일어나고 있다. 지금까지 그런 시도가 전혀 없었던 것은 아니지만, 이런 움직임은 환영할 만하다. 과거에 대한 일방적 평가의 관성에서 벗어나 몇 가지 상식적인 물음을 던지면 역사는 현재를 새롭게 비추게 마련이기 때문이다. 그 연장 선상에서 이제 러다이트 운동에 대한 흔한 오해 중 몇 가지를 오늘날의 상황과 연결하여 검토해보자.

## 러다이트 운동의 직공들은 공연한 두려움에 사로잡혔는가?

 러다이트 운동에 대한 폄하 중 하나는 그들이 시대의 흐름을 보지 못한 나머지 공연한 걱정에 빠져 일종의 광기에 휩싸였다는 것이다. 그러나 적어도 당사자들에게 실업에 대한 걱정은 매우 현실적이고 즉각적인 것이었다. 직조기계가 도입되면서 숙련노동자들이 하던 일들을 아무나 할 수 있게 되었다. 물론 어린아이가 실만 바꾸어주면 돌아가는 기계는 숙련노동자가 생산한 것만큼 양질의 직물을 만들어내지는 못했다. 그러나 대량 생산이 가능했고 직물의 가격은 내려갔다. 수많은 숙련노동자가 일자리를 잃게 된 것은 사실이고, 그들의 폭력 행사는 그에 대한 반응이었다.

 이후 시간이 지나면서 이들은 어디선가 다시 일하게 되었을 것이다. 몇몇 학자들은 1차산업혁명 시대 이후 실업률의 추이가 높아지지 않았다는 통계를 제시하면서 산업혁명에 따른 실업의 우려는 기우라고 주장한다. 그러나 이들 숙련노동자들이 다시 취직했을 테니 모든 문제가 해결되었을 것이라 보는 것은 옳지 않다. 경제적인 차원이건 사회적인 차원이건 모든 일자리가 동일한 것이 아니라면, 실업에 대한 우려는 단순히 생존에 대한 것만은 아니기 때문이다. 러다이트 운동의 숙련노동자들이 이후 가지게 되었을 직업은 과연 어떤 것이었을까? 그들은 과연 이전의 삶보다 더 나은 삶을 살다가 죽었을까? 시간에 따른 실업률 변화의 추이라는 거시적 관찰은 한 노동자의 미시적 삶을 설명하지 못한다.

'4차산업혁명'이란 말을 유행시킨 2016년 다보스 포럼에서 전문가들은 2020년까지 약 500만 개의 일자리가 사라질 것으로 전망했다. 이는 없어지는 일자리와 새로 생기는 일자리를 모두 고려한 것이다. 물론 이는 추산일 뿐이고, 향후 지금은 생각할 수 없는 새로운 직업이 생겨날 가능성도 배제할 수 없다. 그러나 머지않은 미래에 없어질 것으로 예상되는 직업은 많고, 생겨날 것으로 예상되는 직업은 적다는 사실은 심각한 문제가 아닐 수 없다.

4차산업혁명을 구성하는 기술들은 반복적이거나 반복적인 작업으로 환원할 수 있는 일들만 대체하는 것이 아니다. 자의식을 가진 소위 강인공지능이 아닌, 알파고를 통해 드러난 정도의 인공지능만으로도 지금까지 인간이 하던 수많은 업무를 대체할 수 있다. 그리하여 "인간에게 쉬운 일은 기계가 하기 힘들고, 기계에게 쉬운 일이 인간에게 어렵다"고 한 모라벡의 역설은 여전히 유효하지만, 그 설득력을 점점 잃어가고 있다. 곧 "보통 인간에게도 힘든 몇 가지만 빼고는 기계가 더 잘한다"가 현실에 더 가까워질 것이다. 기계학습의 새로운 장을 열었다는 딥러닝 덕분에 의사, 법률가, 통역사 등 상당한 전문성이 필요한 일의 대부분은 인공지능으로 대체될지도 모른다.

나아가 새로운 기술들로 인해 가능해진 일들의 성격 자체가 변할 가능성을 고려해야 한다. 번역과 통역을 예로 들어보자. 지금까지는 인공지능이 사람과 비슷하게 번역과 통역을 하게 하려고 노력해왔다. 그러나 인공지능의 능력이 일정 수준 이상에 도달하게 되면, 인공지능으로 번역과 통역이 정확하게 되는 문장과 말을 좋은 문장과 말의 기준으로 삼게 될 것이다. 미묘한 의미를 전달하는 문학적 표현이 필요한 영역이 그리 많지 않다는 점을 고려하면, 전체적으로는 간명한 언어로 세계가 소통하는 세상이 될 가능성이 더 높다. 사람이 기계처럼 말하고 쓰게 된다면, 기계를 사람처럼 말하고 쓰게 하려는 노력은 일정 단계에서 멈추어도 된다.

인간과 기계가 협업하면 된다는 말은 그럴듯하게 들리지만 소수에게만 적용 가능할 뿐이다. 큰 병원의 몇몇 의사들은 인공지능의 도움을 받아 진단하고 수술도 할 것이다. 세계 바둑의 강자인 커제나 이세돌은 인공지능과 함께 바둑을 두며 전략을 논할 것이다. 하지만 주로 감기약을 처방하는 동네 소아과 의사나 국내 프로 바둑 기사는 갈 곳이 거의 없다. 그들은 러다이트 운동의 숙련노동자처럼 이제 새로 생겨날 것이라고 하지만 아직 아무도 모르는 그 직업을 찾아 나서야 할지 모른다.

러다이트 운동이 시대 변화에 대한 과민 반응이었다는 생각은 여러 이유로 4차산업혁명이 허구적인 개념일 뿐이라는 주장과 묘하게 연결된다. 4차산업혁명이 갑자기 시대의 화두인 것처럼 떠오르고 있는데, 그 의미가 모호하다는 비판이 대두되는 것은 일면 타당하다. 의미가 명확하지 않은 그럴듯한 말로 국가 정책이 좌지우지되는 경험을 많이 했기 때문에 그런 우려가 나오는 것도 당연하다. 그러나 용어의 오용을 걱정하더라도, 그 걱정 때문에 그 말이 가리키고 있는 큰 흐름을 무시해서는 안 된다.

증강된 연산 능력, 사물인터넷, 빅데이터, 인공지능, 로봇으로 이어지는 최근의 기술 발전은 지금까지 인간의 고유한 능력으로 생각되었던 판단과 배움의 능력을 상당 부분 모사한다. 이것을 컴퓨터의 개발로부터 시작된 큰 흐름의 연장으로만 파악하는 것은 적절하지 않다. 인공지능이 보여주는 가능성은 기술과 인간의 관계에 근본적인 변화를 초래하고 있다.

19세기에 기계를 불태웠던 이들은 공연한 호들갑을 떤 것이 아니다. 산업혁명이 인류에게 가져온 엄청난 변화를 고려하면, 오히려 그 시대를 살던 다른 사람들이 너무 얌전했던 것인지도 모른다. 마찬가지로, 인공지능을 필두로 한 4차산업혁명에 대한 기대와 우려를 비웃는 것은 서양 속담처럼 목욕물을 버리느라 아기까지 버리는 우를 범하는 일이 될 수 있다.

### 러다이트 운동의 직공들의 분노는 누구를 향했는가?

정체불명의 지도자 러드와 그의 추종자들은 정말 기계가 자신의 일자리를 빼앗았기 때문에 기계를 파괴하면 문제가 해결될 것이라고 생각했던 걸까? 그 대답 역시 자명하다. 바보가 아니었다면 쇳덩어리 기계가 문제의 근원이라고 생각했을 리가 없다. 그 분노의 대상은 기계를 들이고 값싼 노동력을 사용해서 자신들의 이윤을 극대화하려던 자본가, 즉 공장 주인들이었을 것이다. 자본가에게 분노하여 그들의 재산을 파괴했던 이들에게 '기계파괴주의' 혹은 '기술혐오자'의 딱지를 붙인 것은 일종의 모함이다.

그 모함은 오늘날에도 계속된다. 4차산업혁명에 대한 여러 논의에서 '기술이 인간을 위협한다'고 주장하거나 '인간 대 기계'의 구도를 설정하는 경우가 많다. 그러나 기술과 기계가 일자리를 빼앗는다고 하는 것은 성급함의 소산일 뿐이다. 기술로 인한 일자리 상실은 예나 지금이나 특정 기술의 개발과 사용을 통해 유익을 취하는 다른 인간 때문에 생기는 일이다. 물론 어떤 기술이든 개발되어 사용되면 새로운 환경과 역학이 조성되기 때문에, 기술로 인해 일어나는 모든 변화를 인간만의 탓으로 돌릴 수는 없다.

그러나 일자리의 상실처럼 유익과 피해가 극명한 경우에는 해당 기술의 개발자, 설계자, 사용자의 역할은 매우 중요하다. 많은 일자리를 사라지게 할 수 있는 기술을 개발할 때는 응당 그에 대한 대책이 무엇일지를 고민해야 한다. 작금에 이루어지는 많은 논의에서처럼 이러한 상황을 '인간 대 기계'의 구도로 해석해버리면, 기술 발전의 방향과 속도를 설정하는 인간에 대한 관심을 다른 곳으로 돌려버리는 결과를 낳는다. 일자리가 많이 없어질 터이니 각자 노력해서 없어지지 않을 직업을 갖자는 말은, 많은 일자리를 없앨 기술로 돈을 많이 벌 수 있다는 말만큼 어처구니없다.

'인간 대 기계'의 구도를 만드는 것이 누군가의 계략에 의한 것이라는 음모론을 펴는 것은 아니다. 사실 일자리 상실의 원인을 기술 탓으로 돌리는 것은 기술 발전이 불가항력이고 필연적이라는 전제를 받아들이기 때문에 생기는 현상이다. 기술의 발전은 날씨 변화와 같은 것으로 취급된다. 미래 기술에 대한 예측은 일기예보와 같은 역할을 해서, 비가 온다는 예보에 우산을 준비하듯 미래 사회를 미리 준비하기 위한 것으로 치부된다. 그 결과, 4차산업혁명 시대에 살아남기 위해서 고려해야 할 직업들의 목록이 매일 신문에 나오고 유치원부터 대학까지 그에 적응할 것을 요구받는다. 왜 우리는 애플을 창업한 스티브 잡스와 알파고를 만든 하사비스를 배출하지 못하냐는 탄식, '백만 명을 먹여 살릴 인재'와 '10년 먹거리'에 대한 갈망도 이런 맥락에서 이해할 수 있다.

개인이 4차산업혁명의 큰 파고 앞에 무능력하게 느껴지는 것은 사실이다. 그러나 여전히 그 변화는 사람이 만드는 것이지 닥쳐오는 게 아니다. 따라서 개발 위주의 사고방식과 생존 경쟁의 절박함만을 강조하는 것은 4차산업혁명을 맞이하는 적절한 방식이 될 수 없다. 첨단 기술을 개발하기 위해 투자되는 엄청난 재원과 정책적 지원과 시간 중 일부만이라도 일자리 수요를 줄이지 않고도 생산성을 높일 방안, 인간의 존엄을 지킬 방안에 투입해야 한다.

4차산업혁명이 '한 사람이 백만 명을 먹여 살려야 할 세상'을 초래할 가능성이 있다면, 그 한 명이 되기 위한 노력보다 그런 미래를 막는 것이 더 합리적이다. 과거에도 그러했으니 시장과 시간이 이러한 문제를 자연스럽게 해결해줄 것이라는 낙관은 설득력이 없다. 현재와 같이 아무런 비판 없이 공격적으로 기술이 개발되는 상황에서 일자리가 없어지는 속도는 너무 빠르고, 새로운 기술들은 인간보다 월등한 능력과 광범위한 영향력을 갖기 때문이다. 지금 필요한 것은 제2의 잡스와 하사비스를 키우는 것이 아니라, 그들을 어떻게 통제, 견인, 선도할 것인지에 대한 사회적 합의다.

이러한 사회적 합의가 필요한 이유는 오늘날 인공지능과 같은 핵심 기술에 대한 지배력이 고도로 집중되고 있기 때문이다. 전기가 중심이 되었던 2차산업혁명과 컴퓨터가 중심이 되었던 3차산업혁명은 더 많은 사람이 동력과 정보를 사용할 수 있게 함으로써 사회적, 경제적, 정치적 권력이 과거보다 더 고루 분산되게 하는 효과를 낳았다(물론 이들 역시 중앙 통제를 필요로 하는 방식으로 개발되었기 때문에 전적으로 탈집중화를 이루었다고 할 수는 없다). 그러나 현재 논의되는 방식의 4차산업혁명은 다시 정보와 권력의 극단적인 양극화를 초래할 가능성이 높다.

인터넷이 정보 공유와 소통을 위해 사용될 때는 권력의 탈집중화에 도움이 되었다. 그러나 오고 가는 모든 데이터를 모아 활용하게 되자 대량의 데이터를 수집할 수 있는 소수 집단에 엄청난 힘이 모이게 되었다. '데이터는 21세기의 원유'라고 부르기도 하는데, 이 말을 다시 뜯어보면 그 데이터를 만들어내는 사람들은 유전油田이 되는 셈이다. 그 데이터를 모아 정보로 가공하는 능력도, 그 정보를 다시 사용하는 능력도 소수에게 몰리게 된다. 결과적으로 빅데이터와 인공지능의 시대에 대다수 사람은 기술이 작동할 수 있게 하는 원료와 그 작동 대상이 되어버린다.

4차산업혁명의 기술들이 초래할 문제들의 큰 부분은 정치적인 권력관계 문제다. 기술철학자 랭던 위너는 기술이 정치적 특징을 가진다는 점을 강조하면서 개별 기술에 따라 특정한 권력관계와 더 잘 양립하거나 덜 양립하는 차이를 볼 수 있다고 주장하였다. 예를 들어 원자력 발전소는 중앙집권적 권력관계와, 태양광 에너지는 민주적 권력관계와 더 잘 양립한다는 것이다.

그런데 이를 뒤집어서 생각하면 권력관계를 조정함으로써 기술 발전의 방향을 견인할 수 있을지도 모른다. 빅데이터와 인공지능의 개발과 사용에 대한 국제적인 합의와 규제가 이루어질 수 있다면, 해당 기술들이 권력의 집중화를 심화시키지 않는 방향으로 발전하게 될 것이다.

## 러다이트 운동의 직공들이 펼친 저항은 어떤 결실을 얻었는가?

저항 운동의 가치는 그 운동의 반대편에 서 있는 자들의 반응으로 평가할 수 있다. 기록에 따르면 영국 정부는 러다이트 운동의 주동자들을 즉시 체포하여 처형했고, 기계를 태우는 저항은 채 2년이 못 되어 사라졌다. 부질없어 보이는 짓에 대한 격렬하고도 신속한 당국의 반응은 이후의 역사를 보면 적절하고도 당연한 것이었다. 200여 년이 지난 지금도 이 운동의 성격과 의미에 대한 논의가 끊임없이 이어지고 있으니 말이다.

러다이트 운동의 문제 제기와 저항은 운동 당사자들에게는 아무런 유익도 가져다주지 못했지만, 이후 인간의 노동과 기술이 어떻게 연결되어야 하는지에 대한 고민을 시작하게 해주었다. 혹자는 러다이트 운동이 훗날 노동자의 권리를 의회에서 주장한 차티스트 운동과 노사 협상의 실마리가 되었다고 평가하기도 한다.

혹 그 운동의 실질적 결과가 제한적이라 하더라도 러다이트의 저항이 그 자체로 큰 유산이요, 기술사회를 위한 기여다. 보통 산업혁명을 통해 기술사회가 생겨났다고 보는데, 현대 기술사회의 가장 큰 특징 중 하나는 진보, 그중에서도 기술 진보에 대한 의문을 제기할 수 없게 되었다는 점이다. 네덜란드의 역사학자 하웃즈바르트는 진보에 대한 믿음이 근대인들의 핵심적인 신앙이라고 주장했다. 그에 따르면 근대인들은 자본주의자와 공산주의자를 막론하고 진보를 가장 상위의 가치로 믿고, 그것을 부정하는 사람들을 용납하지 않았다. 러다이트 운동 시절과 현재를 가로지르는 특징이 있다면 바로 기술의 발전에 대한 의심이나 저항을 쉽게 용납하지 않는다는 사실이다.

그러나 "아니 그럼 기술 진보를 막을 수 있다는 거야, 아니면 옛날로 돌아가자는 거야?" 또는 "왜 그렇게 부정적이야? 지금까지도 잘해왔잖아?"와 같이 말하며 윽박질러서는 안 된다. 지금까지 기술이 진보하는 동안 인간과 사회, 자연이 완전히 망가지지 않은 것은 무자비한 탐욕과 진보의 동력을 제어하려는 작은 반항들이 있었기 때문이 아닐까. 200년 전 영국의 폭력 사태는 비웃음의 대상이 아니라 세련되게 고쳐내야 할 저항이다.

그런 면에서 앞서 언급한 랭던 위너가 '인식론적 러드주의 Epistemological Luddism'를 주장하는 것은 흥미롭다. 그는 우리 삶의 당연한 일부가 되어버린 기술들을 조심스럽게 해체해보는 것을 통해 그 기술들과 연관된 물리적, 사회적 조건들과 권력관계를 파악할 수 있다고 한다. 좀 더 구체적인 방법으로는 특정 기술을 한동안 멀리하고 관찰하기를 시도할 수 있다. 직접적인 실험이 불가능하다면 사고실험을 할 수도 있다.

예를 들어 오늘 스마트폰을 사용하지 않으면 어떤 일이 생길까? 스마트폰이 작동하기 위해 필요한 물리적인 조건들은 무엇이며, 그것을 통해 생겨난 새로운 사회관계와 업무 방식, 그리고 그것들이 반영하는 권력관계는 어떠한가? 누구에게 불리하거나 유리하며, 어떤 조건들이 충족되어야 하고 어떤 희생을 감수해야 하는가? 위너는 이러한 (사고)실험 통해 기술이 어떻게 우리 삶의 형식을 구성하는지를 알게 되고, 그 앎을 통해 미래의 기술을 기획할 수 있게 된다고 본다.

러다이트 운동의 직공들은 새로운 기술을 통해 그들이 잃은 것을 직접 보았지만, 인식론적 러드주의자들은 새 기술이 구성하는 삶의 모습이 어떠한지를 상상해야 한다. 신기술이 펼치는 가능성에만 집중할 것이 아니라, 그 기술을 통해 변하는 우리 삶의 맥락을 생각해보아야 한다. 인공지능이 주식을 매매하고 환자를 진단하며 기사를 생산하고 전략을 짜는 시대에 인간이 설 자리는 어디인가? 아기의 유전자를 조작하여 질환을 예방하고 장기 교체가 가능해져 수명이 지금보다 훨씬 길어지는 시대에 생로병사가 의미하는 바는 무엇인가? 철학과 종교가 다루던 문제들은 기술의 비약적 발전이 일어나는 시대에 완전히 재해석되어야 할지도 모른다.

## 4차산업혁명을 스스로 설계해야

오래전 누군가 미래 사회는 비행기 여행 같을 것이라고 우스갯소리를 했다. 한 명의 기장이 큰 비행기를 몰고, 모두가 앉아서 소수의 승무원이 가져다주는 밥을 먹으며 눈앞에 있는 작은 스크린을 보며 즐기는 것 같은 상태가 죽 지속되리라는 것이다. 농담에 불과했던 이 이야기는 4차산업혁명을 운운하면서 점점 더 현실화되어가고 있다. 미래에 일어날 엄청난 혁신을 목전에 두고, 혹시 우리는 비행기의 기장과 승객 중 하나가 되는 운명의 승부를 스스로 요구하고 있지 않은가? 모두가 기장이 될 수는 없다는 사실을 뻔히 알면서, 승객이 되기를 거부하는 것에 만족하고 있지는 않은가?

움직이기 힘든 공간에 앉아 주어지는 즐거움과 편안함에 몸을 맡기는 것이 우리가 바라는 미래의 삶일 수 없다. 모든 진보의 핵심은 오락의 종류가 다양해지거나 의자가 더 편해지는 것이 아니라 내 삶의 방향을 정하고 추진하는 자유이어야 한다. 그 자유에서 인간의 존엄이 나온다. 4차산업혁명을 통해 일어나는 물리적, 경제적 변화가 그 자체로 선하거나 악한지 묻는 것은 의미가 없다. 그것을 통해 인간의 자유와 존엄이 제한되는지가 중요하다.

따라서 물어야 할 것은 '내게(또는 우리에게) 어떤 변화가 닥칠 것인지'가 아니라 '나(우리)는 어떤 미래를 원하는지'다. 우리는 어떤 세상에서 살기를 원하는가? 어떤 세상이 나와 내 이웃, 그리고 우리 자손의 자유와 존엄을 지속 가능하게 하는가? 그 세상에서 인간 노동의 자리는 어디며, 오늘 개발되는 이 기술은 그 좋은 세상을 만드는 데 어떻게 기여하는가?

이 물음들은 4차산업혁명에 대처하기 위한 것이 아니라 그것을 설계하기 위한 것이다. 기술 발전이 날씨의 변화와 다르다면, 우리가 그 발전의 방향과 목표를 기획해야 한다.

시장 경쟁의 소용돌이 속에서 일어나는 기술의 발전이 정해진 방향과 목표에만 복무하게 하기는 어려울지도 모른다. 그러나 그 발전의 향방을 견인하려는 노력은 반드시 필요하다. 예를 들어 미래 기술 때문에 없어질 일자리에 대한 대책을 마련하려 고민하는 만큼, 의미 있는 일자리를 유지하면서도 사람의 삶을 풍요롭게 하는 기술이 어떤 것일지를 생각해야 한다. 이런 면에서 공학자와 정책입안자들은 지금보다 훨씬 더 폭넓은 사유를 해야 할 책임이 있다.

모두에게 유익한 기술 발전이 이루어지도록 하려면 기술 관련 정책과 기술 발전의 방향에 대한 시민들의 관심과 조직된 영향력의 행사가 필요하다. 4차산업혁명 시대에는 기술적 독점이 심화되고 전문가에 대한 의존도 역시 높아질 가능성이 큰데, 그럴수록 시민들의 기술 문해력technology literacy 향상과 기술의 사회적 영향에 대한 관심이 절실하다. 국제적 연대와 협력도 필요하다. 기술에는 국경이 없으므로 한 사회만의 노력으로는 유의미한 결과를 얻기 힘들기 때문이다.

이러한 제안에 대해 비현실적이라는 비판이 제기될 것이라 예상되지만, 그것은 사실 또 다른 모함이며 자기부정일 뿐이다. 자유로운 기획과 자발적인 노력으로 환경을 바꾸는 것이 인간을 인간답게 만드는 노동의 전형이고, 비현실적인 변화를 일으켜낸 것을 혁명이라 부른다. 새로운 기술의 등장으로 인한 문제들을 조용히 바라보는 것과 러다이트 운동의 직공들처럼 저항하는 것 중 진정 인간다운 것은 무엇인가. 4차산업혁명을 주어진 현실로 받아들이는 것과 그것을 설계하고 바람직한 방향으로 견인하려는 것 중 진정한 혁명은 무엇인가. 200년 전 숙련직공들의 저항은 무위로 돌아갔지만 그들이 던진 물음은 여전히 숙제로 남아 있다.

⊙ **손화철**
한동대학교 교양학부 교수. 벨기에 루벤대학교에서 기술철학을 전공하여 박사학위를 취득했다. 최근의 관심사는 포스트휴먼와 인공지능의 철학이다. 저서로 『랭던 위너』, 『현대기술의 빛과 그림자: 토플러와 엘륄』가 있으며, 공저로 『과학기술학의 세계』, 『한평생의 지식』, 『과학철학: 흐름과 쟁점, 그리고 확장』 등이 있으며, 『길을 묻는 테크놀로지』를 번역했다.

# 4차산업혁명과 시민 테크놀로지적 전망

이광석 서울과학기술대학교 교수

 2016년 1월, 세계경제포럼(다보스 포럼)에서 언급됐던, 4차산업혁명이라는 이 새로운 경제 전망은 한국에서 이상하리만치 과열되고 있다. 국내 주요 언론들도 4차산업혁명에 대한 기사를 마구 쏟아내고 있다. 따지고 보면 공식 언급 이후 고작 1년 반 정도밖에 지나지 않았다.

 여전히 4차산업혁명은 실체가 불분명하다. 이에 대해 대중이 아는 것이라곤 1980, 1990년대 디지털 정보혁명으로도 부족해 이제는 디지털 '이후'post-digital 국면에서 좀 더 첨단 기술 종합 선물세트로 갱신해야 인류가 윤택해질 수 있다는 사회 분위기 정도다.

 4차산업혁명이라는 말 자체가 외부로부터 수입되어 실체가 불분명한 용어이자 개념임에도 불구하고 생각보다 빠르게 국내 대중의 의식을 장악해가고 있다. 이 용어는 언제부

턴가 박근혜 정부의 '창조경제' 슬로건을 빠르게 대체했다. 그 모습을 보면 둘 다 정체가 불분명한 듯 보이지만, 상대적으로 4차산업혁명이 지닌 기술 패러다임 전환 논리와 첨단 요소 기술들의 선물 꾸러미가 담론의 우위를 점한 듯 보인다. 즉 4차산업혁명은 빅데이터, 공유경제, 가상·증강현실, 인공지능, 사물인터넷, 메이커 운동 등 첨단 어벤저스급 기술들의 총합으로서 자본주의 경제 부흥의 역할자로 호명된다.

2017년 5월, 대선에서 유력 후보자들은 4차산업혁명이 미래의 먹거리가 될 것이라 관망하며 정책 공약들을 내놨다. 새 정부는 이미 구체적 추진 기구와 실행 단위까지 언급하고 있는 판이다. 냉철해야 할 학계는 한술 더 뜬다. 무관한 듯 보이는 학술 단체를 포함하여 거의 모든 학회, 포럼, 세미나, 강연 등에서 4차산업혁명은 학술 화두이자 행사용 수사가 됐다. 학술 행사 주제와 관계없이 용어만 가져다가 고정 형용사로 남발하는 경우도 흔하다. 한 라운드를 시작하거나 돌기도 전에 구호의 과잉으로 모두가 많이 지쳐 있는 모양새다.

많은 이들이 4차산업혁명에 대해 서로 합의도 구하지 않고 연신 구원의 메시지를 남발한다. 왜 이럴까. 주목할 점은 4차산업혁명의 여러 기술들이 거의 모든 방면에서 오늘날 한국 사회의 적폐와 구질구질한 현실을 돌파하는 혁신의 수사로 등극하고 있다는 데 있다. 지난 십여 년간 지속되었던 제도 정치의 붕괴 때문이리라. 사회 개혁이 어려우니 그 우회로인 기술혁신에 더욱 매달리는 반작용으로 이어진 듯싶다. 사회적 결핍이 가공의 신기루를 부른 꼴이다. 4차산업혁명이라는 멋진 신세계의 구호는 정치가 부재한 시대에 점점 가라앉는 경제 상태를 되돌리기 위한 방법으로 디지털 강국인 한국에 안성맞춤이지 않는가. 4차산업혁명이라는 새로운 기술 메시아가 유독 한국 사회를 선택해 강림한 진짜 이유는 결국, 그것이 사회 혁신의 동력으로 급조된 까닭이다.

## 저 너머에 가려진 것들

4차산업혁명을 실체 없는 껍데기로 취급해 무시하기에는 상황이 그리 간단치 않다. 정부 관료, 기업가, 학자, 기자 등 주요 엘리트층이 4차산업혁명에 대해 품고 있는 종교적 열광은 단일한 대오로 엮여 있지 않다. 그들 마음속에는 각각의 우상숭배가 존재한다는 의미다. 사분오열된 주장이 뒤섞여 마치 돌연변이 유기체처럼 뭉글뭉글 자라면서 자신의 존재 이유와 명분을 확장하는 추세다. 이것이 지금까지 신종 기술담론을 떠받치는 본질에 대한 접근이나 비판적 고찰을 어렵게 만든 이유이기도 하다.

다음의 아우성을 들어보라. 우리는 4차산업혁명의 가장 중요한 기술 중 하나인 인공지능을 '노동개혁' 혹은 노동유연화의 발판으로 삼아야 한다, 4차산업혁명을 완수하여 또 한번 IT 강국 한국 이미지와 영예를 회복해야 한다, 4차산업혁명이라는 세계 경제 패러다임의 변화에 앞서가는 국제 열강들에 뒤처지는 비극을 막고 경제적 선점에 생즉사 사즉생生卽死 死卽生의 자세로 덤벼야 한다, 4차산업혁명의 기술혁신을 통해 '지능 정보 국가'를 실현하려면 코딩 교육만이 살길이다 등등. 기술 엘리트들의 주장은 각자 다른 것처럼 보이지만, 이들 슬로건이 저 너머에 보이지 않고 들리지 않는 중요한 '사회적인 것'을 간과한다는 공통점이 있다.

예를 들어 알고리즘 자동화 기계로 인해 노동 기회를 박탈당한 인간의 노동권과 생존권에 대한 사회적 책무는 무엇인가. 성장 지상주의만큼이나 기술혁신의 최종 수혜자가 또다시 힘 있는 재벌이어야만 하는가. 우리 사회의 기술혁신 모델이 왜 굳이 미국 실리콘밸리식 시장주의의 구상에 머물러야만 하는가. 더욱 본질적으로는 4차산업혁명은 누구의, 그리고 누구를 위한 기술이고 재편인가. 나는 질식할 정도로 많은 4차산업혁명의 구호들 앞에서 이 같은 질문들을 진지하게 던지는 이를 쉽게 찾지 못했다. 4차산업혁명의 논의 테이블에서 미사여구로 꾸며진 말들만 구름 위 선문답처럼 오갈 때, 정치·사회적 질곡이나 현실의 모순, 쟁점들은 저 너머로 슬며시 사라졌던 것이다.

잠시 과거를 회상해보자. 1990년대 초·중반 미국 클린턴, 고어 행정부 주도의 '정보 초고속도로' 구상을 기억하는가. 이는 역사적으로 보면 자본주의 경제의 새로운 성장 동력을 마련하기 위한 '상업'(닷컴) 인터넷의 초기 청사진에 해당한다. 미국이 주도한 이 구상은 닷컴버블 이후 신경제 국면을 낳았다. 당시 미국을 필두로 영국, 일본, 싱가포르 등 선진국에서는 글로벌 인터넷 전자 네트워크망 구축을 이어갔다. 한국은 중국의 경제 부상으로 인해 또 다른 시장 형성과 성장 동력이 필요했던 차였다. 김영삼 정부 이후 우리는 발 빠르게 선진국의 정보화 모델을 벤치마킹해 추격했고, 성장 동력을 구체화하여 예상외의 성과를 이루면서 '디지털 강국'으로 발돋움했다.

일부 경제 성장론자들은 오늘날의 4차산업혁명 붐이 그 당시와 매우 흡사하다고 말한다. 예를 들어, 성장론자들은

2010년 독일의 '인더스트리 4.0', 2015년 일본의 '로봇 신전략'과 중국의 '중국 제조 2025', 2016년 다보스의 4차산업혁명 논의와 미 백악관의 「인공지능과 자동화가 미치는 경제적 영향」 보고서 등에 주목한다. 성장론자에게 서구에서 벌어지고 있는 이러한 움직임은 열강들의 또 다른 자본주의 기획을 위한 정세 변화에 불과하다. 경제적 성공 신화의 반복을 굳건히 믿는 이에게는 이들 정황이 국내 IT 저성장의 불명예를 탈출할 절묘한 타이밍이다. 이들의 의식에는 '한강의 기적'(산업화)과 '디지털 강국'(정보화)의 글로벌 훈장에 이어 또 다른 기적을 만들고자 하는 일종의 국가 욕망이 자리하고 있는 것이다.

흥미롭게도 국내에서 4차산업혁명에 대한 관심은 엘리트 내부의 열광에만 머무르지 않는다. 과거 경제 성공 신화에는 늘 독단적 엘리트들의 성취욕이 지배했다. 그런데 오늘날 4차산업혁명에 대한 논의는 대중의 자발적 관심과 함께 이루어지고 있다. 그렇다면 일반 대중이 4차산업혁명에 몰입하는 까닭은 무엇일까.

사회의 엘리트 계층이 4차산업혁명을 통해 경제적 성공 신화를 이루겠다는 기대를 품고 있는 것과 달리, 일반 대중은 미래에 대한 불안을 느낀다. 일례로, 최근 언론진흥재단

미디어연구센터에서 실시한 조사 연구는 이를 확증한다.[1] 조사 대상자 대부분이 4차산업혁명에 큰 관심을 가지고 있는데, 무엇보다 인공지능이 우리의 미래 일자리를 잃게 하고(76.5%), 빈부 격차까지 심해질 것(85.3%)이라고 보는 데 다수의 의견이 집중되어 있다. 즉 엘리트와 대중의 집단 강박이란 껍질을 한 꺼풀 벗겨내면 열광의 극단에 불안이 크게 자리 잡고 있다는 속사정을 보여준다. 대중의 이러한 불안은 확대일로로 치닫고 있는데, 이를테면 국가와 기업, 그리고 언론 등이 내미는 다음과 같은 슬로건 때문이다. "4차산업혁명의 신흥 과학기술을 소비하고 이에 적응하라! 그렇지 않으면 당신은 변화하는 세계에서 내쳐질 것이다."

## 4차산업혁명과 시민사회 주도형 기술

4차산업혁명이라는, 신화와 거품으로만 보이던 것이 점차 오늘을 사는 우리 몸과 영혼에 들러붙어 사회의 새로운 가치를 만들어내고 있다. 이제는 강력하게 부상하는 이 신종 개념에 대한 여하한 파급력을 해체하기는 어려워 보인다. 그러나 적어도 4차산업혁명에 대한 엘리트들의 맹목적인 열광을 가라앉히고, 다가올 과학기술 혁신의 실체를 비판적 관점으로 들여다보는 일이 필요하다. 물론 과거로의 회귀나 미래로의 투항이 아닌 현실 감각의 미래 투사가 이뤄져야 하는 대목이다. 그러자면 그 실체가 불분명한 지금 우선 4차산업혁명의 질서를 바꾸거나 비껴가는 사선의 경로를 가늠해봐야 한다.

무엇보다 4차산업혁명의 가장 큰 문제는 실제로 이것이 일상 시민들의 삶에 어떤 의미인지, 어떤 의미를 만들어낼 것인지 그 누구도 해명하거나 이해시키려 하지 않는다는 사실이다. 그저 대세의 논리요, 고용과 국부의 문제일 뿐이다. 국내 정보통신 정책사를 다 훑어봐도 동시대 시민 대중의 기술 참정권은 조금도 개선되지 않았다. 시민의 기술에 대한 참정권 없이 진행되는 현재 디지털 혁신론이나 비판론은 맹목이고, 결국 현실 지배적인 기술 권력의 지형을 오히려 공고화할 공산이 크다. 과학기술 혁신과 혁명이란 이름으로 또 다른 야만의 시장을 미화하는 효과 또한 가세할 것이다.

4차산업혁명이 신기루에 멈춰 있지 않으려면, 이제부터라도 정부와 기업의 입장을 넘어서서 신종 기술 패러다임이 시민사회에 어떤 함의를 줄 것인가에 대한 본질적인 질문을 던져야 한다. 예컨대 과도한 첨단기술 중심의 논의에서 벗어날 필요가 있다. '과연 한국 사회가 매번 첨단기술을 통한 경제 발전주의에 계속 등 떠밀려 움직여야 하는가'에 대한 물음과 같은 과감한 발상의 전환이 필요하다. 과도한 첨단기술의 선점과 추격에서 벗어나 시민의 삶에 필요한 기술이나 사회의 가치가 반영된 기술 도입과 운영의 묘가 필요하다. 기업과 정부의 주류화된 기술 해석뿐만 아니라 시민사회의 다른 기술 해석과 비전이 동시에 정착해야 한다.

4차산업혁명의 요소로 언급되는 기술들을 시민사회의 시각에서 재사유하는 일이 첫 단추가 될 것이다. 지배 계급의 엘리트적 논의 틀 아래 재생산되는 4차산업혁명 기술들은 현재 상태를 유지하고 연장할 뿐이다. 예를 들어 빅데이터는 데이터 비즈니스 활성화를, 플랫폼 경제는 자원의 효율성을, 사물인터넷은 유통의 혁신을, 가상·증강현실은 새로운 엔터테인먼트 사업을, 인공지능은 노동의 자동화를, 메이커 운동은 유연한 일자리를 만들어낼 것이다.

이러한 덕목들은 대중의 삶에 긍정적 효과를 미치지 못한다. 이들 기술을 매개한 사회적 공생의 미덕은 어디에도 없다. 4차산업혁명으로부터 기술 민주주의적 가치들을 확산하기 위해서는 어떤 대안이 필요할까. 아직 그 실체가 불분명하지만, 이 글에서는 4차산업혁명의 각 요소 기술들에 대한 긴급 진단을 통해 각 기술이 지닌 가능성과 더불어 이에 대한 시민사회적 관심사를 추가하려 한다. 다시 말해 이 글은 신기루가 될 수도 있는 4차산업혁명의 하위 기술들에 대해 거칠게라도 시민사회적 기술 해석을 제안하고자 한다.

### ⊙ 빅데이터 인권

현대 권력이 거대한 빅데이터 알고리즘 기계를 가지고 자발적·비자발적인 방식을 동원해 현대인과 그를 둘러싼 사물들에서 생성되는 데이터를 수취하는 행위로부터 시민 자신의 데이터 통제력을 어떻게 다시 찾아올 수 있을까? 소프트웨어 코드와 데이터 알고리즘으로 형성되는 데이터 권력은 다른 무엇보다 '비가시성'과 '불가해성'에 기댄 암흑상자 코드와 강제적 재산권을 동원해 데이터 신체를 '이음새 없이 매끈하게'seamless 전자적으로 관리하고자 한다. 이에 반응해 시민들 스스로 데이터 인권을 지키는 방식은 데이터 신체의 자본주의적 기획을 제어하는 일이다.

제도적 측면에서는 시민 데이터의 사회적 활용에 대한 투명성 확보가 시급하다. 비식별 데이터들도 모이면 특정 신원이 드러난다는 사실을 인정한다면, 빅데이터의 비즈니스 활용은 인권 보호 측면에서 치밀한 기술 영향 평가 없이는 금

지해야 한다. 근본적으로는 빅데이터 부당 수집 및 자동 프로파일링에 대해 시민 자신의 반론권 혹은 거부할 권리를 지녀야 함은 물론이다. 더불어 정부와 기업은 어렵더라도 시민과 소비자에게 사회적으로 민감한 데이터 알고리즘의 경우에 필히 그 작동 원리의 투명성을 보장하고, 대중은 기술 원리에 대해 설명을 요구할 권리를 지녀야 한다.

### ⊙ 가상·증강현실(VR·AR)의 사회 감각 체험

가상·증강현실에서 자율적인 기술 감각을 찾거나 확대하는 일이 과연 쉬울 것인가? 시각적 스펙터클의 질서가 그 어떤 기술에서보다 가장 빠르게 안착하기에 그리 만만하지 않다. 그럼에도 불구하고, 징후에 불과하긴 하지만 다음과 같은 예는 디지털 증강현실의 긍정적 방향과 관련해 시사점을 지닌다.

예컨대, 여성혐오에 기댄 강남역 살인사건과 구의역 청년 노동자 사망에 대한 대중의 추모 방식을 보자. 이들 사례에서 대중은 애도의 정서를 표현하기 위해 너무도 익숙한 140자 트윗과 댓글의 '소셜' 디지털 감각을 '포스트잇'을 통해 현실에서도 유사한 방식으로 확대하고 있다. 이는 포스트잇이란 디지털 유사 감성이 역으로 현실 세계에서 어떻게 흘

러내려 증강될 수 있는지를 보여주는 구체적인 증거이다. 즉 대중은 온라인 '소셜' 포스팅 대신, 사건 현장에서 포스트잇이란 유사 트윗 매개체를 갖고 증강현실과 비슷한 사회적 애도 행위를 했다.

가상현실의 예를 들자면, 김진아 감독의 영화 〈동두천〉(2017)을 떠올릴 수 있다. 동두천 미군들에 의해 벌어졌던 '윤금이 피살 사건'을 모티브로 한 이 영상 작업은 사회적 소수자인 기지촌 여성에게 가해진 폭력을 관객들이 당시의 시공간으로 들어가 함께 몰입하는 방식을 취한다. 여기서 가상현실 기술은 관객이 사회적 타자들의 역할을 시뮬레이션하면서 공감과 연대를 유도하는 기제로 활용된다.

가상·증강현실의 사회적 능력은 이처럼 가상의 물리적 현존감을 다채롭게 지각하면서도, 사회적 정서와 정동을 적절히 재현하고 증강할 수 있는 기술적 가능성을 찾는 일이 아닐까.

### ⊙ 인공지능, 테크노 타자와의 공생

인공지능의 바람직한 미래는 인간과 기계가 '주인-노예' 관계가 아닌 평등한 공생의 관계를 도모하는 일이 아닐까? 인간의 욕망이 반영된 인공지능의 도구적 합리성이란, 기계를 중립의 투명한 거울처럼 가장하고, 인간 사회의 편견을 재생산하는 인간과 기계 사이의 공모 행위를 지칭한다. 따라서 현실의 오도된 편견이 사회적 기계로 이입되더라도 겉으로 쉽게 드러나지 않는 기술 왜곡 현상, 즉 인공지능의 '공식적 편향'formal bias을 그 디자인 설계로부터 제거하는 일이 중요하다.[2]

기술 체제 속 사회적 편견을 털어내는 일은 인공지능 생명체인 "테크노 타자들과의 새로운 사회적 접속 형식을 만들고 새로운 사회적 결합 관계를 창조하는 것"에 다름 아니다.[3] 인간 중심주의에 기댄 인공지능의 도구적 접근은 기계나 사물의 존재론적 지위에 대한 성찰보다는 인간의 체제적 기능과 효율을 중심 논리로 삼게 되면서 최악의 경우에는 기술 재앙이나 인류 절멸로 다가올 수 있다. 때론 기능주의에 기반을 두지 않은, 유희적이고 즐거운 관계이지만 조직된 효율성을 없애는, '기관 없는 신체'라는 사회적으로 덜 미분화된 기술 구상이 인공지능에 요구된다.

### ⊙ 공유경제와 대안적 플랫폼

온라인 플랫폼을 주축으로 하는 공유경제에서의 '공유sharing' 개념은 아직도 유효한가? 무늬만 재화와 노동을 나눌 뿐, 나눈 것의 민주적 분배와 보상이나 사회적 증여 효과가 거의 없는 것이 오늘날 공유의 실체이다. 공유경제가 플랫폼을 매개한 노동의 최적화 논리를 강조하면서도, 오히려 우리를 비정규직 프리랜서로 평등화하는 '긱 경제'gig economy(임시직 경제)로 몰아넣는다는 데 더 큰 문제가 있다. 미국에서는 우버의 프리랜서 운전자나 아마존닷컴의 '미캐니컬 터크' Mechanical Turk라고 불리는 무수한 '떼 노동자'crowd worker들이 익명의 고용 없는 개인사업자 노동자로 추락하고 있다.

이들 플랫폼은 분 단위로 쪼개어 자원과 노동을 찾고 제공하면서 극한의 노동시간 관리 경제를 구현하고 있다. 잠재적 비정규 프리랜서들의 자율적 삶은 플랫폼 업자가 향후 그들을 위한 자원 배치와 노동 활동의 정당한 보상이 가능한 대안적 플랫폼 채널을 구상하는 데 달려 있다. '인간시장'이 되어가는 플랫폼에 대한 브로커 독점적 소유를 배제하고, 이용자들의 '공통' 규범 아래 노동과 자원의 이익을 어떻게 재전유할 것인지가 관건인 것이다. 궁극적으로 공유경제의 사활은 재화와 노동 흐름의 민주적 배치가 가능한 수많은 대안 플랫폼들의 협업적 설계와 실현에 달려 있다.

### ⊙ 메이커 운동과 성찰적 기술 감각

4차산업혁명의 공식화된 메이커 운동은 손수 제작을 통한 창의적 소비의 다른 이름인가, 아니면 실제 대중의 창작·제작 능력을 진작하는 원동력일까? 창작·제작 행위가 이 시점에서 인간에게 무엇을 의미하는지에 대한 반성적이고 철학적인 질문으로 되돌아가야 한다. 기술철학자 랭던 위너는 주체적인 기술 수용이 부족하고, 기술을 단순 도구적 활용에 입각해 그 변화 과정에 휘둘리는 사람이나 증상을 '기술 노예'technopeasants, '기술치'technotards, '기술 몽유병'technological somnambulism 등의 비유적 개념으로 비판했다.[4]

메이커 운동은 위너가 명명한 기술병 환자와 증상의 사회적 치유에 맞춰져야 한다. 즉 메이커 운동에는 시장 혁신과 성장의 레퍼토리도 있지만, 구체적으로 '수작'手作이란 행위를 통해 잃어버렸던 기술 감각을 되찾는 일이 한가운데 자리하고 있다. 이는 암흑상자 같은 기계와 기술에 대한 현대인의 무딘 몸을 일깨워 잃어버린 문명의 사회적 감각을 회복하는 행위이다.

또한 수작은 자신이 타인과 사물의 원리를 나누면서 좀 더 깊이 있는 기술의 설계 원리에 다가가는 과정이다. 그러기에 수작은 기계의 기심機心(효율과 기능)에 좌우되기보다는 손과

몸으로 부대끼며 기술의 근원적 작동 원리를 찾고 지혜를 쌓는 과정이다. 수작은 물질·비물질 제작과 경험을 통해서 홀로 기계의 작동 원리를 익히는 숙련의 과정이기도 하지만, 다른 이들과 함께 협력하면서 쌓아가는 공통의 기술 이해와 지식 생산의 사회적 협업과 증여 행위가 큰 비중을 차지한다.

## 시민사회 '기술 인권' 구상을 위하여

4차산업혁명의 여러 기술 요소들을 비판적으로 검토함으로써 우리는 '주인-노예'의 도구주의적 과학기술 논의와는 다르게 시민의 '기술 인권'을 진작하는 기술의 성찰적 가치들을 어렴풋이나마 구상할 수 있음을 감지할 수 있다. 예컨대, 빅데이터에서 디지털 인권 혹은 정보 인권의 새로운 차원을, 가상·증강현실에서 새로운 사회적 체험 감각 확산을, 공유경제에서 협업의 문화를 통한 대안적 플랫폼 생성을, 인공지능에서는 기술 편견을 넘어서 '인간과 기계'의 공생을, 그리고 메이커 운동에서 손수 제작을 통해 반성적 기술 감각을 되찾는 계기로 삼을 수 있을 것이다.

오늘날 한국 사회는 첨단 기술의 긍정적 비전과 열망에도 불구하고, 인공지능에 의해 사라지는 일자리, 빅데이터와 생체 정보의 무차별 수집으로 인한 개인 정보의 오남용, 플랫폼 시장과 O2O<sup>Online to offline</sup> 비즈니스로 인해 더 나락으로 빠져드는 자영업자와 비정규직 노동자들의 지위, 잊힐 권리를 위협하는 모바일 환경 등 과학기술과 매개된 사회 문제가 계속해서 목도되고 있다. 지능정보사회가 됐든 4차산업혁명이 됐든 이제는 성장 신화를 벗어나, 과학기술에 대한 보다 실제적인 시민사회적 비전 제시와 과학기술의 미래에 대한 제도와 정책 참여 논의를 제기할 때다. 4차산업혁명 등 국가 IT 정책 사업에 대해 시민사회가 주도적으로 기술 인권에 대한 전방위적 논의를 이끌어낼 필요가 있다.

진정한 기술 인권의 힘은 제도와 정책에 의한 사생활이나 권리 보호 범위를 넘어서야 한다. 시민 스스로 복잡한 기술들에서 파생되는 심층 관계를 파악할 수 있는 최소한의 지식이나 통제력 혹은 접근성을 획득하게 하는 '테크노-문해력'(데이터 리터러시<sup>data literacy</sup>와 바이오 리터러시<sup>bio literacy</sup>의 결합) 능력을 자가 배양하도록 장려해야 한다. 예를 들어, 시민 영역에서 수작·제작 문화 활성화는 몸과 두뇌의 감각을 자극하면서 기술의 설계에 접근해가는 생성주의적 입장에서 기술 인권을 확장하는 기회를 줄 수 있다. 기존의 규격화된 소비문화를 벗어나서 친생태적인 방식으로 사회적 수요에 맞춰 기술을 변형해 공통 감각을 활성화하는 일은, 단순히 방어적으로 시민의 기술 인권을 보호하는 차원을 넘어서서 기술 인권의 생성적이고 확장적인 계기를 포착하는 것이다.

기술 발전의 거역할 수 없는 테제가 되어버린 '첨단기술을 통한 발전주의 논리를 과연 이 사회에서 계속 끌고 가야 하는가'라는 기술만능주의에 대한 성찰적 물음 또한 반드시 제기되어야 한다. 과도한 첨단 과학기술의 선점과 추격에서 벗어나 시민의 삶에 필요한 적정기술이나 수작운동의 활성화, 시민 다중의 관심사를 반영하는 기술의 시민 참정권에 대한 주장도 이와 궤를 같이한다.

시민사회가 주도하는 기술 인권은 첨단기술 성장주의의 폐해를 벗어나 지역 생태계에 요구되는 '로우테크-하이테크' 간 통섭의 과학기술 응용과 시민사회의 기술 설계 능력을 엘리트층과 함께 논의하는 사회적 협의 방식이 되어야 한다. 이제 기술 패러다임의 전환 논리가 시민에게 강압적으로 부과되는 방식을 벗어나야 한다. 4차산업혁명은 일방적인 과학기술 정책 선전 과정이어서는 안 된다. 과학기술을 매개한 자율의 계기에 대한 성찰적 전망이 올곧이 서 있을 때만이 그것이 지닐 불투명한 미망의 장벽을 돌파해낼 수 있다.

**⊙ 이광석**

서울과학기술대학교 디지털문화정책 전공 교수. 텍사스(오스틴) 주립대학 Radio, Television & Film 학과에서 박사학위를 받았다. 주요 관심 분야는 기술문화연구, 커먼즈연구, 미디어·아트 행동주의, 정보공유지 연구, 청년 잉여와 테크놀로지 연구에 걸쳐 있다. 저서로『뉴아트행동주의』,『사이방가르드』,『디지털 야만』 등이 있고, 엮은 책으로『불순한 테크놀로지』, 공저로『현대 기술·미디어 철학의 갈래들』이 있다.

주

1 "4차산업혁명에 대한 국민들의 인식", 「미디어이슈」, 3권 4호, 언론진흥재단 미디어연구센터, 2017. 20~50대 성인남녀 1,041명을 온라인 설문(표본 오차 95% 신뢰 수준에서 ±3.0%p) 대상으로 삼고 있다. 조사 대상자 가운데 90.8%가 4차산업혁명에 관심을 보이는 것으로 나타났다.
2 *Transforming Technology: A Critical Theory Revisited*. Feenberg, Andrew, Oxford University Press, 2002.
3 『포스트휴먼』, 로지 브라이도티 지음, 이경란 옮김, 아카넷, 2015.
4 『길을 묻는 테크놀로지 – 첨단 기술 시대의 한계를 찾아서』, 랭던 위너 지음, 손화철 옮김, 씨아이알, 2010.

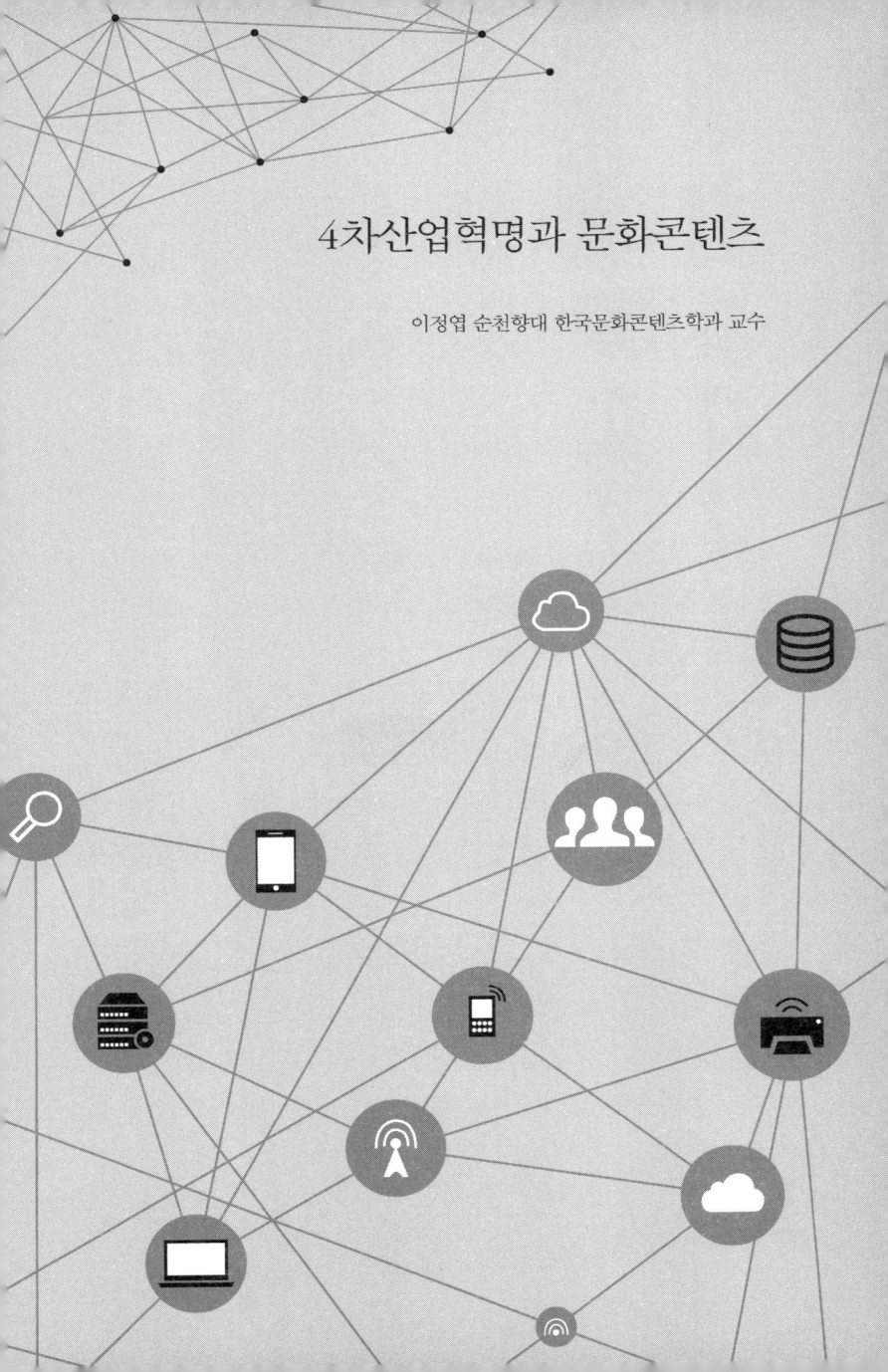

# 4차산업혁명과 문화콘텐츠

이정엽 순천향대 한국문화콘텐츠학과 교수

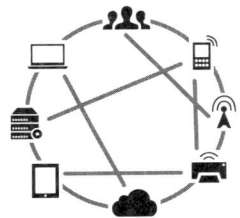

 최근 4차산업혁명에 대한 논의가 뜨겁다. 새로운 디지털 기술이 다양한 산업과 결합하여 기존의 산업 구도를 파괴적으로 재구성할 것이라는 전망이 나오고 있다. 전통적인 산업의 유통 구조가 이러한 과학기술에 의해 가장 먼저 개혁되면서 우버$^{Uber}$, 에어비앤비$^{Airbnb}$ 같은 파괴적 스타트업이 출현한 것이 그 예라고 할 수 있다. 이러한 전조를 두고 언론에서는 분야를 가리지 않고 4차산업혁명의 영향이 확산될 것으로 전망하고 있으며, 문화콘텐츠 분야 역시 예외는 아니다.

 여기에서 말하는 디지털 기술이란, 주로 4차산업혁명 과정에서 도출된 사물인터넷, 클라우드 서비스, 빅데이터, 모바일, 인공지능 등을 지칭한다. 클라우스 슈밥에 따르면 4차산업혁명은 21세기의 시작과 동시에 출현했으며, 유비쿼터스 모바일 인터넷, 더 저렴하면서 작고 강력해진 센서, 인공지능과 기계학습$^{machine\ learning}$에 의해 촉발되었다.[1] 이를 독일에서는 '인더스트리 4.0'이라 부른다. 이 용어 역시 디지털 기술이 글로벌 가치사슬$^{global\ value\ chain}$ 구조를 근본적으로 어떻게 바꾸게 되는지 설명한다. 다시 말해 4차산업혁명은 디지털 기술을 활용해 제조업의 가상 시스템과 물리적 시스템이 유연하게 협력할 수 있는 세상을 만드는 것을 의미한다.

문화콘텐츠 분야는 기존의 예술 분야와는 달리 책이나 캔버스 같은 물리적인 형태에 고착되지 않고 시청각적인 멀티미디어를 활용하여 일찍부터 디지털화되어 왔다. 디지털화된 멀티미디어 파일들은 복제하기 쉽다는 약점을 가지고 있지만, 물류비용이 거의 들지 않기 때문에 유통이 쉽다는 장점도 있다. 이 때문에 문화콘텐츠 분야에서 과학기술에 의한 혁명적인 전환은 제작 분야가 아닌 유통과 소비 분야에서 이루어졌다.

사실 문화콘텐츠 시장은 갑자기 형성된 것은 아니다. 기존에 영화관에서 즐기던 영화를 PC에서 avi 등의 파일 형태로 감상하거나, CD를 통해 들을 수 있던 음악을 MP3 파일로 대체해서 듣게 된 지도 꽤 되었다. 문제는 물질적인 속성을 가진 미디어들이 유동적인 형태의 디지털 파일로 복제가 쉬워지면서 국내에서는 문화콘텐츠 시장의 정상적인 유통 가능성이 초기부터 붕괴되었다는 점이다.

문화콘텐츠가 다시금 시장성을 가지게 된 것은 21세기에 들어와 포털과 오픈마켓을 비롯한 플랫폼 서비스가 영화, 음악, 웹툰, 게임 등 콘텐츠 시장에서 지배적인 위치를 차지하게 되면서부터다. 모바일 콘텐츠 분야의 구글 플레이스토어나 애플의 앱스토어, 게임 분야에서 스팀$^{Steam}$, 플레이스테이션 네트워크$^{PSN}$ 등이 그 예이다. 콘텐츠 시장이 빠르게 네트워크화되고 개별 콘텐츠의 용량과 기술이 불법 복제가 가능한 수준을 넘어서면서, 이러한 오픈마켓은 콘텐츠 소비와 관련된 대부분의 수요들을 잠식해버렸다.

음악 분야에서 2014년 8월부터 2015년 8월까지 1,200명을 대상으로 한 음악 콘텐츠 국내 이용자 분석 통계를 살펴보면 음악 CD, DVD, 블루레이 등을 구입한 사용자는 38.7%인데 비해, 온라인 음악 스트리밍 서비스를 이용한 사용자는 71.6%, 음악 파일을 다운로드해서 들은 사용자는 73.6%에 달한다. 또한 음악 감상 시 주로 이용한 매체는 스마트폰이 77.7%인데 반해 CD/DVD/블루레이는 4.8%에 그쳤다.[2] 비단 음악 시장뿐만 아니라 게임, 영화, 애니메이션, 웹툰, 방송 등 대부분의 콘텐츠 산업 분야에서 포털과 플랫폼 사업자가 유통과 소비를 관장하는 비중은 커지고 있다.

요컨대 인터넷 포털과 오픈마켓 플랫폼은 콘텐츠 사업의 유통과 소비의 가장 중요한 주체로 부상했다. 그러나 이는 전적으로 4차산업혁명의 기술적 변화로 인한 결과라기보다는, 전 세대인 3차산업혁명에 해당하는 디지털 기술 발전의 결과물에 가깝다고 볼 수 있다. 따라서 여기에서는 현재 산업화의 징조를 보이고 있는 4차산업혁명의 기술이 문화콘텐츠 산업의 유통과 소비에 끼친 영향, 최종적으로는 이러한 과학기술들이 문화콘텐츠 제작 과정에 끼친 영향에 집중할 필요가 있다고 판단된다.

이러한 과학기술들이 유통과 소비의 구조보다 제작 과정에 끼치는 영향이 더욱 중요하고 원천적이라고 생각하는 이유가 몇 가지 존재한다.

우선 문화콘텐츠의 각 분야들은 생각보다 고집스럽게 전통적인 제작 방식을 고수하고 있어서 변화가 그리 간단하게 이루어지지 않는다는 점을 들 수 있다. 완성된 제품을 유통하고 소비하는 과정은 제작과 완벽하게 분리되어 있어 디지털 기술에 의해 유통망, 재고, 운송의 과정을 개혁하면서 새로운 시장을 손쉽게 창출할 수 있었다. 그러나 콘텐츠 산업의 제작 과정은 제작 전 단계에 해당하는 '기획 과정 – 시청각적인 시공간을 촬영, 창조, 가공하는 제작 과정 – 이를 편집하는 제작 후 과정'으로 세분화, 전문화되어 있기 때문에 새로운 하나의 기술이 이러한 전문적인 제작 과정 일체를 대체하기란 매우 어렵다.

지금까지 공유경제나 4차산업혁명 등을 언급한 대부분의 연구 사례들이 그 혁명적인 결과들을 대체로 유통과 소비의 구조에서 찾아왔던 것도 바로 이 때문이다. 이러한 연구들에서 공통으로 지적하는 파괴[3]의 면모 역시 전문성이 부족한 유통과 소비의 방식에서 발생했다는 점을 염두에 둘 필요가 있다. 만일 지금 언급한 이러한 기술들이 문화콘텐츠의 제작 과정에서 혁명적인 변화를 가져오고 전문 인력을 대체할 수 있다면, 4차산업혁명의 기술이 가져올 변화는 더욱 본격적인 것이라 확신할 수 있을 것이다. 그렇지 못하다면 4차산업혁명의 기술들이 보여주는 결과들은 실제로 다소 제한적이고, 구호적인 한계를 가지리라 판단할 수 있을 것이다.

문제는 지금까지 4차산업혁명의 기술들이 문화콘텐츠의 유통과 소비에 끼친 영향보다 기술에 끼친 사례가 그리 많지 않다는 점이다. 해당 기술들은 완성된 형태의 기술이 아니며, 이를 통한 생산성 확보도 여전히 진행 중이다. 먼저 언급할 점은 문화콘텐츠의 구조는 여러 세부적인 요소들이 합쳐져 하나의 스토리와 경험을 제공하는 복합적인 유기체라는 점이다. 따라서 이러한 복잡한 구조에 접근하기 위해서는 단순한 데이터의 양과 알고리즘만으로는 접근이 어렵다는 점을 상기할 필요가 있다.

이 글에서는 4차산업혁명의 기술들이 문화콘텐츠의 유통과 소비에 끼친 영향보다 기술에 끼친 사례를 분석하기 위해 '〈노 맨스 스카이No Man's Sky〉라는 게임의 알고리즘에 의한 절차적 생성 기술'과 'SBS 소셜미디어 팀의 빅데이터 활용'을 그 사례로 포함시켰다. 두 사례 모두 현재 주목받고 있는 인공지능의 하위 기술과 빅데이터 기술을 사용했다는 점에서 이에 대한 예시로 적절하다고 판단된다.

결론적으로 말하면 〈노 맨스 스카이〉는 상업적으로 실패했고, SBS 소셜미디어 팀은 내부적으로 좋은 평가를 받아 계속해서 사업을 확장하고 있다. 두 사례에서 주목해야 할 점은 기술과 알고리즘에 많은 부분을 맡겨버린 〈노 맨스 스카이〉가 실패하고, 섬세한 의제 설정을 통해 양적 통계 방법론이 가진 한계를 세밀하게 조정해나간 SBS의 사례가 성공했다는 점이다.

## 4차산업혁명 기술의 개요와 적용

여기서는 4차산업혁명 과정에서 자주 활용될 것으로 예상되는 기술들의 개요와 그 적용 사례를 유통과 소비 구조에 한정해서 분석하고자 한다. 현재 이 기술들은 구현 정도와 사회적 파급력, 제작 과정에서의 영향력이 모두 제각각인 상태여서 우선은 각 기술의 개별적인 개요를 조사한 뒤, 이를 바탕으로 종합적인 로드맵을 설계해야 할 것이다.

주목해야 할 것은 4차산업혁명과 관계된 IT 기술들이 서로 연결고리로 맺어져 있다는 점이다. 사물인터넷 장비를 통해 현실로부터 다양하고 방대한 데이터가 수집되며, 클라우드 시스템을 통해 데이터가 저장된다. 저장된 데이터가 일정한 수준에 이르러 이를 통해 다른 목적으로 데이터를 이용할 수 있게 될 경우, 이런 데이터를 재목적화$^{re-purpose}$가 가능한 데이터로 분류할 수 있다. 이를 바탕으로 모바일 디바이스 등 다양한 장치를 통해 개인이나 집단의 문제 해결을 시도할 수 있는 것이다. 이처럼 이른바 ICBM(IoT, Cloud, Big data, Mobile) 기술들은 상호연관성 아래에 '수집-저장-분석-활용'의 순환구조로 서비스 사슬 관계를 이루고 있다.

―――――――――――― ICBM 융합 서비스의 순환구조 ――――――――――――

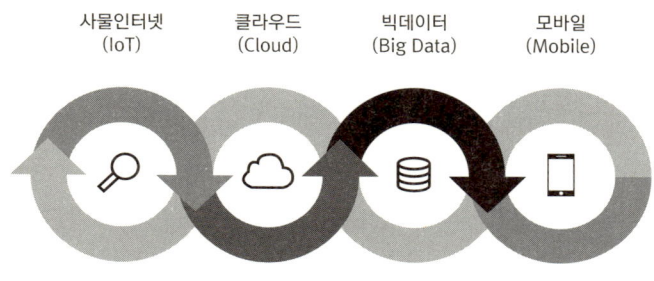

⊙ **사물인터넷**Internet of Things

사물인터넷은 인터넷으로 연결된 개체가 컴퓨터와 모바일을 넘어 다양한 형태의 사물로 확장되는 것을 뜻하는 개념이다. 최초로 사물인터넷이라는 용어를 사용한 사람은 케빈 애쉬튼이다. 그는 1999년 P&G에서 새로운 RFID 아이디어와 공급망 관리를 연계시키기 위한 발표에서 이 용어를 처음으로 사용했다.[4] 사물인터넷 기술을 활용하면 동작, 위치, 환경 등을 인식할 수 있는 초소형 센서와 RFID 태그, 리더기, 모듈 등을 통해 데이터를 수집하여, 이 데이터를 다른 목적으로 재활용하게 된다.

컴퓨터 및 네트워크 기술의 발전으로 인해 연결된 사물들이 생성하는 빅데이터를 활용하여 경제적 가치를 만들어내고, 이러한 빅데이터를 활용하여 다시 사물인터넷의 연결을 촉진하는 방식으로 발전이 이루어진다. 이는 현재 많이 사용하고 있는 인터넷 주소 체계인 IPv4가 할당할 수 있는 약 40억 개의 주소가 지닌 한계를 넘어서서 IPv6 체계를 통해 거의 무한대의 사물에 개별적인 인터넷 주소를 할당할 수 있게 되면서 더욱 촉발되었다.

사물인터넷을 둘러싼 변화의 핵심은 디바이스의 크기가 작아진 것이 아니라, 다양한 사물의 센서로부터 수집되고 끊임없이 생성되는 엄청난 양의 데이터에 있다. 문제는 이렇게 수집된 데이터들이 모두 규격이 다르고 일차적인 목적이 상이하기 때문에 다른 목적을 위해 사용하는 재목적화를 바로 이룩할 수는 없다. 따라서 이러한 데이터 형식의 표준화가 잘 이루어질수록 데이터 유통이 촉진되는 결과를 낳게 되는 것이다.

사물인터넷과 연결 가능한 사업 분야로는 스마트홈, 헬스케어, 홈쇼핑, 보안, 감시, 자동화 등이 거론된다. 대부분이 유통 분야나 서비스 분야로, 본 연구에서 관심을 두고 있는 문화콘텐츠 분야와의 직접적인 연결 사례는 거의 존재하지 않는다. 무엇보다 사물인터넷은 데이터 분석보다는 데이터 수집에 가까운 역할을 하므로 이 기술만으로는 독자적인 형태의 분석은 불가능한 실정이다.

### ⊙ 클라우드 컴퓨팅<sup>Cloud Computing</sup>

클라우드 컴퓨팅은 구글의 CEO인 에릭 슈미트가 구글의 기업 회의에서 이를 처음 소개한 것으로 알려져 있다.[5] 그는 새로운 사업 모형이 등장하고 있다고 소개하면서 "데이터 관련 서비스와 아키텍처가 서버에 기반을 두어야 하며, 이러한 데이터 관련 서비스와 아키텍처가 '클라우드 시스템 어딘가<sup>cloud somewhere</sup>'에 저장되어야 한다"는 개념을 설파한 바 있다. 이후 델<sup>Dell</sup> 컴퓨터는 '클라우드 컴퓨팅'이라는 상표 특허를 확보하기 위해 애썼으며, 많은 회사가 격분하여 델의 시도를 저지한 바 있다. 이후 클라우드 컴퓨팅은 누구나 사용할 수 있는 용어가 되었다.

클라우드 컴퓨팅은 "어디서든 편하게 원하는 시점 언제든 구성 가능한 컴퓨팅 자원 공유시설에 접속할 수 있으며, 최소한의 관리 노력이나 서비스 제공 업체와의 상호작용으로 빠르게 제공되며 대여가 가능한 컴퓨팅 모델"로 정의할 수 있다. 다시 말해 개인과 조직을 위한 데이터의 저장, 처리, 분

배, 애플리케이션, 데이터 관련 서비스 모두를 포괄한다.[6]

이러한 클라우드 컴퓨팅 시스템이 제대로 작동하기 위해서는 우선 ① 본질적으로 여러 명의 원격 이용자들이 시스템에 동시에 접속해 시스템을 사용할 수 있어야 하며, ② 동시에 여러 개의 프로그램을 실행할 수 있어야 하고, ③ 이용자가 최소한 자신의 컴퓨터를 이용해서 진행할 수 있을 정도의 컴퓨터 기능과 성능을 원격 시스템을 통해 얻을 수 있어야 한다.

클라우드 컴퓨팅은 독자적으로 서비스되기도 하지만 다른 기술이나 서비스와의 밀접한 연관 속에서 그 가치가 확대되는 경향을 보인다. 특히 빅데이터와 클라우드 컴퓨팅은 가장 밀접한 연관을 지닌 기술로 주목받고 있다. 빅데이터 분석은 여러 곳에 저장된 점점 더 많은 정보들을 분석하려는 움직임을 의미하는데, 여기서 저장된 정보는 주로 온라인, 특히 클라우드 데이터센터에 저장된 정보를 말한다.[7]

이 데이터들은 많은 기업들에 의해 데이터 그 자체로 상품화되고 있다. 소프트웨어와 시스템, 그리고 클라이언트 기업이 자사가 보유한 데이터와 사람들의 소비 행동을 더욱 잘 확인하고, 예측할 수 있는 비정형의 데이터를 묶는 방식으로 클라우드 컴퓨팅과 빅데이터가 결합하게 되는 것이다. 이러한 비정형의 데이터에는 소비자와 기업이 얻고 싶어 하는 대부분의 답이 들어 있다. 데이터는 인공지능을 비롯한 IT 기술 산업의 필수적인 재료가 되었다. 우선 사물이 데이터화되고, 연결되는 것 자체로도 대부분의 답을 찾을 수 있다. 데이터 속에는 문제도 답도 존재하기 때문이다. 지금의 데이터는 규격이 달라 재목적화와 연산이 어렵다. 이를 해결하기 위해 도메인별 데이터 표준과 데이터 플랫폼 경쟁이 치열하다.

### ⊙ 빅데이터 Big Data

이러한 ICBM의 순환구조에서 문제 해결의 핵심적인 역할을 맡는 기술은 바로 빅데이터 기술이다. ICBM의 각 기술이 '수집-저장-분석-활용'으로 각각의 역할이 구분되는 상황에서 전체적인 의제를 설정하고, 사용자나 기업의 요구에 맞추어 주어진 데이터를 재가공하고 분석하는 질적인 작업이 모두 빅데이터 기술로 이루어지기 때문이다. 다시 말해 빅데이터 기술은 다른 기술과 달리 '문제 해결형 구조 problem solving stucture'를 지니고 있다고 말할 수 있다. 빅데이터가 문제 해결형 구조를 가지고 있다는 것은 상당히 의미심장한데, 이는 무엇보다 이 기술이 양적인 형태의 데이터 처리 방법론을 바탕으로 질적인 형태의 결론을 도출할 수 있다는 데 기

인한다.

이러한 빅데이터의 방법론이 과거의 기술과 다른 점은 지정된 규칙대로 문제만 해결하는 기계적인 구조를 탈피했다는 것이다. 초기의 기계들은 세탁기나 믹서처럼 스위치를 누르면 지정된 규칙대로 움직이는 '피드포워드 머신feed forward machine'의 형태를 취했다.

───── 피드포워드 머신의 처리 구조 ─────

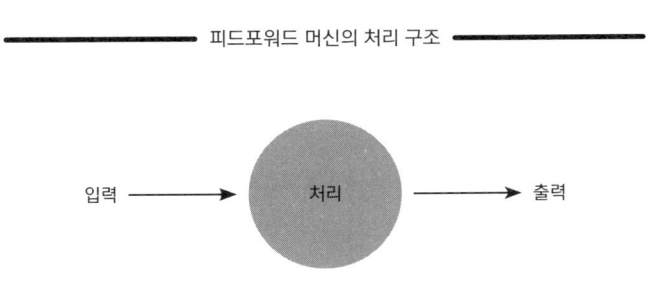

이러한 피드포워드 머신이 발전하여 2세대의 '피드백 머신feedback machine'이 되면서 자동제어를 통해 인간의 시간을 확보해줄 수 있는 계기를 마련했다. 이를테면 전기밥솥의 예약 기능은 취사하고자 하는 밥의 종류와 예약 시간을 입력하면 굳이 기계 앞을 지키지 않더라도 입력된 값을 바탕으로 원하는 밥을 만들어내는 결과물을 보여준다. 넓게 보면 컴퓨터 역시 이러한 2세대의 피드백 머신 구조를 이루고 있다고 할 수 있다.

———— 피드백 머신의 처리 구조 ————

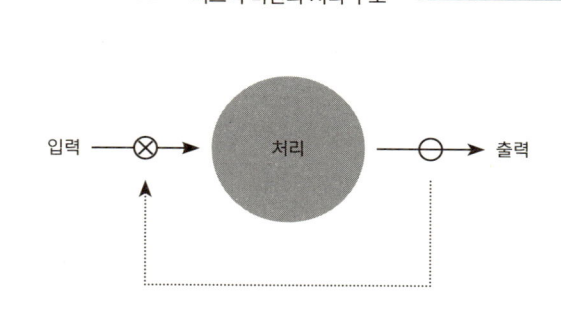

그러나 데이터와 인공지능이 결합하여 쌓인 데이터를 통해 결과를 예측할 경우, 이는 3세대의 '포워드 모델forward model'로 진화할 수 있다. 쌓인 데이터는 결과를 예측하고 사용자의 행동을 유도한다. 이때 사용자의 행동이 일종의 입력값으로 주어지면, 이를 바탕으로 작은 프로세스를 작동시켜 사용자의 행동을 '선제pre-emption'[8]한다. 사용자는 컴퓨터가 제시한 선제 행동을 수용하거나 무시할 수 있으며, 이때 수용하거나 무시한 데이터는 다시 저장되어 다음번에 더 세련된 행동을 할 수 있도록 딥 러닝deep learning의 기반을 제공한다.

내비게이션에서 경로 이탈 시 재탐색하는 과정이 포워드 모델과 가장 가까운 예시라고 할 수 있다.

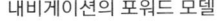
내비게이션의 포워드 모델

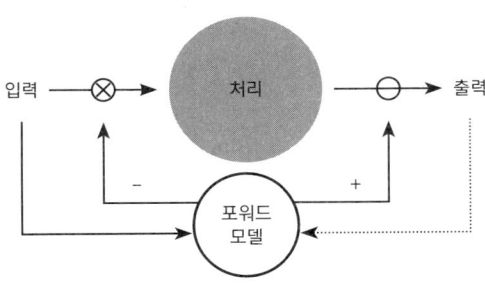

여기서 말하는 '선제'라는 개념은 데이터를 기반으로 미래를 예측하고 사건을 통제하는 사전 억제 과정을 의미한다. 구글의 자율주행 자동차가 보여주는 선제적 방어 운전이나 아마존의 데이터에 기반을 둔 사전 배송 anticipatory shipping 특허가 이에 해당한다.

이러한 포워드 모델이 잘 돌아가기 위해서는 사용자의 행동을 컴퓨터가 정확하게 인식해야 한다. 또한 사용자의 암묵적인 의도나 취향을 드러나게 할 수 있는 장치도 중요하다.

이를테면, 애플 뮤직에서 음악을 들은 사용자는 아이폰의 개인 비서인 시리$^{Siri}$에게 '이 음악, 마음에 들어' 혹은 '이런 음악 싫어'라는 취지의 메시지를 음성으로 전달할 수 있다. 그러면 시리는 이러한 입력 값을 여러 차례 누적하여 현재 애플 뮤직 데이터베이스에 저장된 수천만 곡의 지형도 속에서 사용자가 듣고 싶어 할 만한 음악 장르나 아티스트를 추천할 수 있게 되는 것이다. 사용자의 행동을 통해 어떤 해답을 얻게 되면 이어지는 행동의 해석이 쉬워지며 다른 행동을 분석하고, 예측할 수 있게 되는 구조다. 이처럼 포워드 모델은 의미 있는 '선제'를 가능하게 한다.

사람들은 '선제'와 스팸, 알림의 미묘한 차이를 알아챈다. 이는 PIMs$^{personal\ information\ management}$ 데이터의 고도화된 분석을 근거로 하기 때문이다. 선제란 내가 예약하지 않았는데도 알림이 오는 경험이다. 데이터에 의해 예측된 행동과 나의 실제 행동이 일치하지 않을 때 나로 하여금 '조정'을 요청하는 상호작용인 셈이다.

이처럼 빅데이터 기술은 주어진 데이터를 바탕으로 각각의 개인에게 맞는 서비스를 선제하고, 때로는 이보다 더 큰 사회적인 문제를 해결하기 위해 대량의 양적 데이터를 질적인 문제로 전환할 수 있다. 그러나 이러한 재목적화의 과정까지 아직 기계가 자동으로 대응하는 단계에 도달한 것은 아니다. 컴퓨터는 인공지능의 딥 러닝 과정을 거치면서 반복되는 사용자의 행동을 통해 앞으로 일어날 일을 확률에 근거하여 예측할 수 있다. 그러나 이보다 더 복잡한 문제 해결 구조는 사용자가 미리 의제 설정을 해주고 이에 맞게끔 데이터를 재가공하고 표준화해줄 때만 처리할 수 있다. 뒤에서 SBS의 빅데이터를 활용한 프로그램 제작 사례를 통해 살펴보겠지만, 섬세한 문제 설정은 여전히 인간의 영역에 남겨져 있는 셈이다.

따라서 문화콘텐츠 혹은 디지털 콘텐츠와 같이 복잡하게 설정된 서사 구조를 갖춘 작품은 빅데이터를 통한 문제 해결 구조를 도입하더라도 그 제작 과정에까지 영향을 미치기는 쉽지 않다. 여기서 말하는 제작 과정이란 실제 문화콘텐츠 작품의 서사 구조에 이러한 디지털 기술이 직접 개입하는 것을 의미하는데, 이러한 제작 과정은 기본적으로 입력과 출력이 양적인 형태로 재단되어 있지 않아 원천적인 개입이 불가능하다. 이러한 기술의 개입이 성립하려면 해당 작품이 이미 완성된 상품 형태로 존재해야만 한다. 다시 말해 완성된 상품으로서 사용자에게 어떠한 반응을 얻고 있는지 다양한 데이터를 통해 수집할 수 있다면, 이와 같은 2차 가공된 데이터를 바탕으로 피드백을 정리해줄 수 있는 정도의 개입이 가능해진다는 것이다.

### ⊙ 모바일 기술 Mobile Technology

'모바일 기술'이라는 용어가 따로 잘 통용되지 않는 이유는 이미 스마트폰과 관련된 분류하기 어려울 정도의 다양한 기술이 이미 개발되어 상용화되어 있고, 이러한 모바일 기술이 과학기술 그 자체가 아니라 하나의 상품화된 애플리케이션 형태로 제공되기 때문이다. 실제로 ICBM의 순환구조에서도 모바일 기술은 모바일 기기나 시스템, 애플리케이션을 만드는 기술을 언급하기보다는 앞서 나온 사물인터넷과 클라우드 컴퓨팅, 그리고 빅데이터를 활용하여 만들어진 최종 상품으로서의 애플리케이션을 지칭하는 것으로 이해하는 게 더 바람직할 것이다.

따라서 모바일 기술은 ICBM의 순환구조에서 최종적인 활용 형태를 의미한다. 더 나아가 이러한 활용 과정에서 주어지는 데이터를 통해, 다시 새로운 입력 값을 사물인터넷 기술을 통해, 디바이스와 서버 시스템을 통해 새로운 데이터를 축적하고, 이를 분석할 수 있게 해주는 순환구조의 첫 단계를 의미하기도 한다. 실제로 스마트폰이나 스마트워치 같은 모바일 기기는 GPS, 가속도 센서, 중력 센서, 심장박동 측정 센서, RFID 등 다양한 센서와 입력기기를 활용할 수 있는 인풋의 최전선에 서 있는 셈이다.

앞서 언급했듯 ICBM의 순환구조가 제대로 작동하기 위해서는 다양한 형태의 데이터가 모바일 디바이스를 통해 수집되어야 하며, 이러한 데이터는 가공하기 좋고 객관적이며 수치화된 형태로 변환할 수 있어야 한다. 예를 들어 홈 오토 시스템에서 '창문이 열려 있다' 혹은 '집안 온도가 섭씨 28도이다'라는 정보는 객관적인 형태로 수치화할 수 있지만, 어떤 영화가 '재미있다'라는 정보는 주관적이고 모호하며 개인에 따라 달라질 수 있는 감정의 영역에 속한다. 이러한 정보를 수치화하기 위해서 다소 억지스럽고 복잡한 기준을 적용하여 수치화할 수는 있겠지만, 이러한 기계화 과정을 거쳐 나온 출력 값이 모든 사람에게 '재미있다'라는 반응을 유발할 수는 없다. 따라서 지금까지 ICBM의 기술들을 통해 산업적으로 성공을 거둔 케이스는 대부분 객관적으로 데이터를 수치화할 수 있는 완성된 상품의 유통 구조 혁신에 머물렀던 것이다.

## 〈노 맨스 스카이〉의 AI를 활용한 절차적 생성

〈노 맨스 스카이<sup>No Man's Sky</sup>〉[9]는 영국의 길포드에 위치한 인디게임 스튜디오 헬로 게임즈<sup>Hello Games</sup>에서 제작한 액션 어드벤처 게임으로, 2016년 8월에 PC와 플레이스테이션4 용으로 출시되었다. 비록 인디게임 스튜디오의 작품이기는 했지만, 〈노 맨스 스카이〉는 출시 전부터 '절차적 생성<sup>procedural generation</sup>'을 활용한 게임으로 이름을 알렸다.

절차적 생성이란 알고리즘에 의해 데이터를 생성하는 방식으로, 특히 컴퓨터 그래픽 분야에서 텍스처와 3D 모델링을 자동으로 생성하는 방식을 의미한다. 〈노 맨스 스카이〉의 배경은 SF적인 세계관을 가진 전 우주인데, 절차적 생성은 이러한 게임 설정에서 전 우주의 배경을 컴퓨터가 자동으로 생성하면서 무한한 배경을 사람의 손이 아닌 컴퓨터의 알고리즘으로 만든 경우에 해당한다. 〈노 맨스 스카이〉 내부에는 알고리즘에 의해 생성된 1,884경 개에 가까운 별이 존재하며, 이 별들은 각각 생태계와 기후, 항성과의 거리 등이 다른 데이터를 가지고 있다. 플레이어는 이 별들을 직접 방문하여 그 생태계를 탐험할 수 있다.

일반적인 비디오 게임이라면 이러한 배경을 그래픽 디자

〈노 맨스 스카이〉(http://store.steampowered.com)

이너가 직접 디자인하여 각각의 오브젝트$^{object}$를 배열해야 한다. 이는 매우 노동 집약적인 작업으로, 실제로 비디오 게임의 인건비 중 상당 부분을 차지하는 매우 중요한 작업이다. 그러나 〈노 맨스 스카이〉는 이러한 노동 집약적인 작업의 대부분을 컴퓨터가 알고리즘적으로 처리하게 해서 광대한 우주 공간을 큰 어려움 없이 디자인할 수 있게 만들었다. E3 등 주요 게임 쇼를 통해 공개된 사전 정보와 동영상 덕분에 게임 팬들은 이 게임의 독특한 공간 생성 방식에 기대감을 품고 찬사를 보냈다. 왜냐하면 기존의 SF적인 배경을 가진 게임들은 우주 공간을 실질적으로 탐험이 불가능할 정도로 넓게 디자인하지는 못했기 때문이다. 따라서 절차적 생성이 적절하게 적용되기만 한다면 이 기술이 방대한 3D 공간을 알고리즘적으로 생성한 첫 번째 사례가 될 수 있다고 생각하여 팬들은 엄청난 지지를 보냈던 것이다.

절차적 생성을 활용한 게임이 전혀 존재하지 않았던 것은 아니다. 1996년 베데스다Bethesda가 MS-DOS용으로 개발한 PC 게임 〈엘더 스크롤 II: 대거폴The Elder Scrolls II: Daggerfall〉의 경우, 이러한 절차적 생성 방식을 사용하여 실제 영국의 2배 크기만 한 가상의 3D 공간을 생성하는 데 성공한 바 있다. 그러나 〈엘더 스크롤 II〉의 경우에도 그 공간이 알고리즘적으로 생성만 되었지, 이들의 배치가 극적 긴장감을 위해 세밀한 연출을 거치지는 못했다. 따라서 베데스다는 그다음 시리즈부터는 이러한 형태의 절차적 생성 방식을 포기하고, 작품의 전체적인 스토리에 맞추어 극적인 사건이 일어날 수 있게끔 공간을 재배치했다.

이와 같은 사례에서 알 수 있듯이 〈노 맨스 스카이〉의 경우에도 절차적으로 생성된 공간이 사용자들에게 높은 평가를 받지는 못했다. 게임 관련 저널들의 평가를 평균 내어 점수화하는 사이트인 메타크리틱Metacritic에 따르면 〈노 맨스 스카이〉의 메타크리틱 점수는 59점, 사용자들의 점수는 27점에 불과하다.[10] 많은 사용자들이 절차적으로 생성된 공간에서 비슷한 패턴의 메커닉(자원 채취, 가공 등)을 반복하는 것이 매우 지루하다고 평가하고 있다. 게임 내에서 공간이란 위

〈노 맨스 스카이〉에서 AI를 통한 절차적 생성에 의해 창조된 자연 환경
(http://store.steampowered.com)

치와 좌표, 오브젝트만으로 이루어지는 것이 아니라, 극적인 사건이 벌어지는 시간과의 교집합이라는 사실을 개발자들이 간과한 것이다.

국내에서도 게임 업계 최대 기업인 넥슨이 개발 중인 〈야생의 땅: 듀랑고〉라는 모바일 게임에서 절차적 생성의 도입을 시도한 바 있다. 넥슨에서 게임 시스템 디자이너로 일하는 강임성은 넥슨 개발자 컨퍼런스에서 "생태학에 기반을 둔 〈야생의 땅: 듀랑고〉의 절차적 생성 생태계"라는 제목으로 발표한 적이 있다.[11] 〈노 맨스 스카이〉의 경우와 마찬가지로 절차적 생성 기술을 활용하여 알고리즘적으로 환경을 제작하는 실험을 했던 것이다. 그러나 이 작품 역시 절차적 생성 모델을 바탕으로 여러 실험을 했지만, 결국에는 게임 내의 균형과 서사적 구조를 위해 절차적 생성 모델을 포기했다는 소식이 최근 전해졌다.

이와 같은 사례로 미루어볼 때 ICT 기술을 문화콘텐츠의 내부 제작 과정에 접목하려 한다면, 무엇보다 이러한 문화콘텐츠들이 인본주의적인 서사 구조$^{narrative\ structure}$를 가지고 있다는 점을 상기할 필요가 있다. 절차적 생성은 비디오 게임 제작의 인건비 중 상당 부분을 차지하는 그래픽 아티스트의 노동 집약적 작업 방식을 근본적으로 변화시킬 수 있는 훌륭한 기술이다. 그러나 강임성을 비롯한 여러 게임 시스템 디자이너들은 규칙에 의해 절차적으로 생성된 공간을 수정하기 위해서는 다시 세부적인 형태의 공식들이 필요하며, 몇몇 데이터만을 선별하여 예외적으로 조정할 경우 게임 전체의 균형이 무너질 수도 있다는 사실을 여러 차례 지적한 바 있다. 다시 말해 절차적으로 생성된 공간은 수식으로 이루어진 공간이므로 이를 수정하기 위해서는 더욱 고도의 세밀한 수식이 필요하다는 말이다. 이는 결국 프로그래머와 시스템 디자이너의 과도한 노동으로 이어지게 되어 그래픽 디자이너의 노동과 상쇄되는 결과를 낳는다.

## SBS 소셜미디어 팀의 빅데이터 활용

SBS는 지상파 방송 최초로 2012년 소셜네트워크 분석을 위한 소셜미디어 팀을 모집했다. 관련 분야 석·박사 학위를 받은 전문 인력을 중심으로 소셜미디어 팀을 꾸린 뒤 트위터와 블로그를 중심으로 자사 방송 관련 데이터를 모으고 분석하기 시작한 것이다.

일반적으로 방송국에서는 기존의 시청률을 분석할 때 관련 조사기관인 닐슨$^{Nilsen}$ 등으로부터 받은 데이터를 활용해왔다. 그러나 인터넷을 활용한 TV 프로그램의 무분별한 공유와 VoD, 모바일 기기를 통한 시청 등으로 기존의 시청률 조사는 정확도를 상실하게 되었다. 실질적으로 TV 프로그램의 본 방송을 시청하는 고령의 시청자들을 중심으로 시청률이 반영된 것이 그 이유이다. 따라서 보다 젊은 시청자들의 경향을 반영하기 위한 수단으로 소셜미디어 분석을 활용하게 되었다.

SBS 소셜미디어 팀의 빅데이터 분석은 이를 단순히 분석자료로만 활용한 것이 아니라, 실제 프로그램 내용과 편성에 반영되었다는 점에서 상당한 의의를 지닌다고 볼 수 있다. 무엇보다 빅데이터를 비롯한 ICT 기술이 콘텐츠 제작에 직접 반영된, 국내에서는 드문 사례여서 주목할 필요가 있다.

SBS 소셜미디어 팀은 2013년 자연어 처리와 텍스트 마이닝[12] 기반 오피니언 트렌드 분석이 가능한 다음소프트와 제휴하여 SBS의 방송과 관련된 트위터, 블로그, 웹게시판을 분석할 수 있는 종합 분석 툴과 관련 방법론을 마련했다.

SBS에서 활용하고 있는 소셜미디어 기반 통합 시청 지표를 표시한 인트라넷 페이지에는 실시간으로 올라오는 방송 관련 트윗을 선별하여 각각의 프로그램이 소셜미디어에서 화제성을 대표할 수 있는지, 그리고 각 프로그램에 대한 시청자의 반응은 긍정/부정/중립 중 무엇인지, 해당 프로그램에 출연한 출연자에 대한 관심도를 알아볼 수 있게끔 구성되어 있다. 이를 통해 전반적인 소셜미디어의 트렌드를 분석할 수 있게 되었지만, 이것만으로는 소셜미디어 분석이 방송 제작에 반영되었다고 보기 어렵다.

실제 방송 콘텐츠는 양적인 형태의 데이터로 이루어진 것이 아니라, 전체가 하나의 내러티브와 극적인 요소를 지닌 서사물의 구조를 지니고 있다. 따라서 양적 방법론을 활용한 분석을 질적인 형태로 전환하여 관련 제작부서와 PD 등에게 조언할 수 있는 안건으로 전환해야만 했다. 이는 소셜 미디어의 빅데이터만 가지고는 실제로 아무런 일도 일어나지 않으며, 이를 해당 담론과 내러티브에 맞게 세부적으로 분류하고, 심층적으로 분석하는 작업이 수반되어야 한다는 것을 의미한다.

이어지는 사례는 2013년에 방영된 SBS의 〈정글의 법칙〉 프로그램을 소셜 데이터 분석을 통해 리모델링한 사례이다. 〈정글의 법칙〉은 2011년 10월 '나미비아 편'을 시작으로 2017년 8월 현재까지 방영되고 있는 장수 프로그램으로, 시즌 1에서는 13%대의 시청률을 보였다. 이후 시청률이 점점 상승하기 시작하여 2012년 9월경에 방영된 시즌 5 아마존 편은 20%에 달하는 시청률을 기록했다. 그러나 동시에 소셜 미디어를 중심으로 이 시즌에 관한 조작 논란이 일어나면서 다음 시즌부터는 15% 미만으로 시청률이 하락하게 되었다. 이에 해당 PD와 예능 CP 등은 소셜미디어 팀에 분석을 의뢰하여 해당 프로그램과 관련한 소셜미디어 빅데이터 분석을 실시했다.

이 분석에는 트위터, 블로그, 웹게시판을 중심으로 173,689건의 텍스트를 마이닝하여 담론 분석을 실시했다. 우선 시즌별로 SNS의 버즈량과 IPTV에서 해당 프로그램의 구매 수를 도출한 뒤, 블로그 및 트위터의 버즈량과 시청률 사이의 상관관계를 프로그램의 내용과 결부시켜 질적으

## 4차산업혁명이라는 거짓말

### 〈정글의 법칙〉 시즌 3 바누아투 편의 SNS와 시청률의 상관관계

방송 일자: 2012-05-06~2012-07-08
분석 일자: 2012-05-01~2012-07-08
분석 건수: 15,646
트위터 12,865(RT포함) / 블로그 2,781
— 블로그  — 트위터  ● 시청률

### In 바누아투: 시청자들이 생각하는 에피소드면

- 김병만 vs 리키 김 vs 추성훈 강한 남자들의 대결 구도
- 오지에 서도 특이한 동식물을 사냥하고 먹는 것에 대한 관심
- 위험해 보이지만 멋지고 아름다운 정글에 가보고 싶다
- 가족과 행복의 의미에 대해 생각해볼 수 있는 기회를 줬다

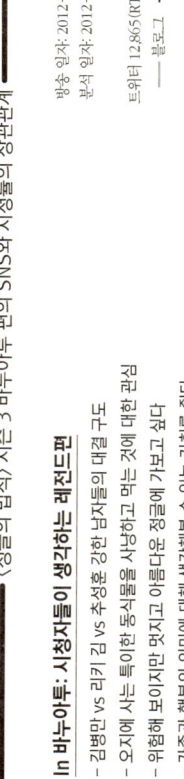

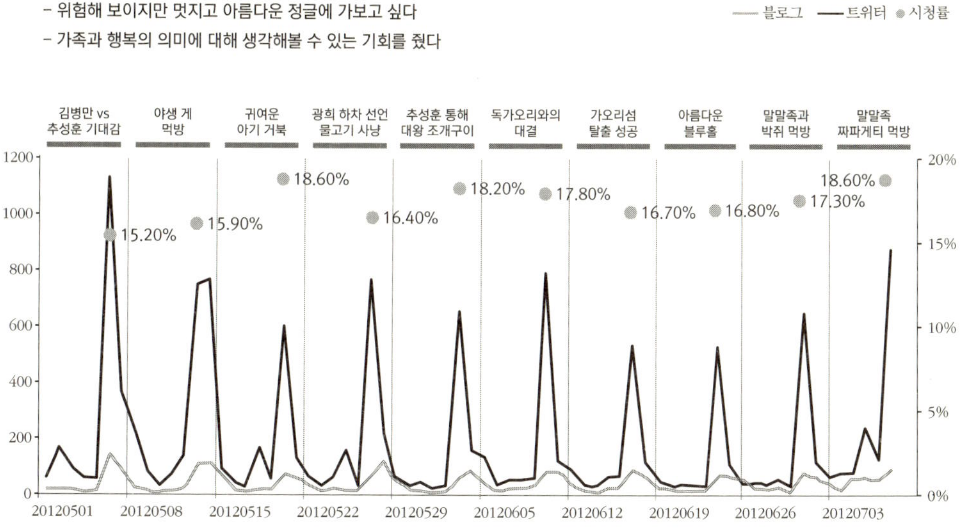

로 분석하기 시작했다. 예를 들어 프로그램이 한창 성장하고 있던 '시즌 3 바누아투 편'에서는 해당 프로그램의 게스트로 나왔던 리키 김과 추성훈이 김병만에 대항할 수 있는 적극적인 남성 캐릭터를 형성하면서 긍정적인 SNS 반응을 이끌어 낸 것으로 분석됐다.

그러나 조작 논란이 일었던 '시즌 6 아마존 편'의 경우, 초반에는 아마존이라는 공간이 주는 긴장감과 공포심에 시청자들이 몰입하기 시작하지만, 조작 논란이 제기되면서 프로그램의 기획 의도가 생존에서 오지 체험 정도로 격하되는 것을 SNS 분석을 통해 확인할 수 있었다. 조작 논란 이후 〈정글의 법칙〉은 시청률이 계속 하락하였고, '시즌 9 사바나 편'은 매회 방영 시 1천 건에 가까운 SNS 버즈량을 보였던 것이 50건 미만으로 감소하여 시청자들의 관심으로부터 멀어진 것으로 나타났다.

이에 소셜미디어 팀은 SNS에 나타난 각각의 피드들의 표현어를 분석하여 주요 키워드들을 도출해냈다. 시청자들은 초기 시즌에서는 '아름답고 / 가보고 싶고 / 신비롭고 / 놀랍지만 / 위험한 자연(정글)'과 '힘들고 / 고통스럽고 / 혹독하지만 맨손으로 활약하는 인간(병만족)의 대결 구도가 주는 감동과 재미'를 통해 '나도 한번 가보고 싶은 곳에 대한 간

## 〈정글의 법칙〉 시즌 6 아마존 편의 SNS와 시청률의 상관관계

### In 아마존: 리얼 생존에서 오지 체험 캠포로

- 방송 초반부터 '아마존'이라는 공간이 주는 긴장감과 공포심에 시청자들이 집중이임
- 김병만이 독충에 쓰러지면서 위기감이 극대화
- 위험한 와오라니 부족과의 만남→야어사냥 성공 등으로 정점에 이름
- 조작 논란이 제기되면서 '리얼 생존'이라는 기획 의도가 '오지 체험 캠프' 정도로 격하됨

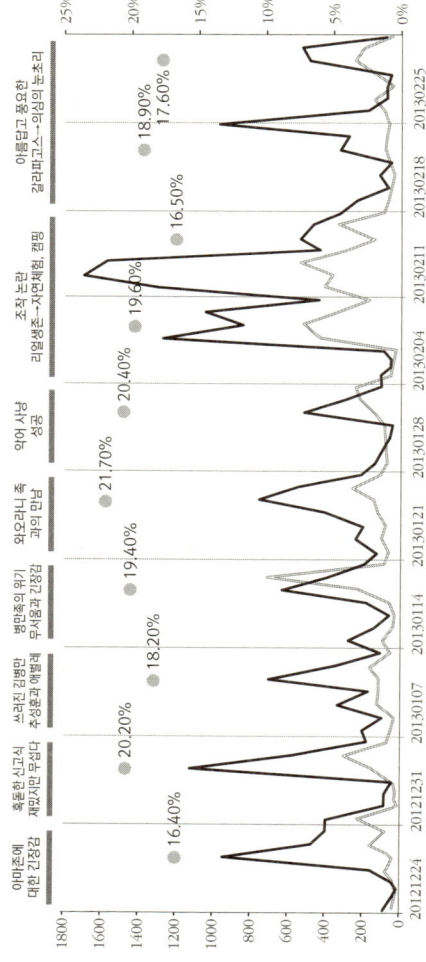

방송 일자: 2012-12-28~2013-03-01
분석 일자: 2012-12-24~2013-03-03
분석 건수: 35,696

트위터 26,097(RT포함) / 블로그 9,569
—— 블로그 —— 트위터 ● 시청률

접 체험과 대리 만족'을 느꼈다는 분석이 도출되었다. 그러나 조작 논란이 일어난 이후에는 진정성에 대한 의심이 시작되면서 '재미와 감동의 하락세', '끊임없이 제기되는 안전 문제', '매번 똑같은 포맷(사냥, 집짓기, 먹방)에 대한 피로감'을 호소하는 단어들이 피드의 상당량을 차지했다.

또한 방송에 출연한 출연진에 대한 SNS의 평가를 바탕으로 '험난한 정글 환경에 도전하는 적극적인 여자 출연자에 대한 시청자들의 관심이 필요', '자기만의 캐릭터와 존재감이 필요한 고정 멤버들', '족장 김병만에게 대항할 수 있는 또 다른 카리스마가 필요함'과 같은 결론을 도출해낼 수 있었다. 그 결과 트윗 건수가 0에 수렴한 고정 멤버를 정리하고 새로운 멤버를 보강하여 좋은 성과를 거둘 수 있었다.

이와 같은 빅데이터 분석은 전적으로 양적 방법론에 바탕을 두고 이루어지지만, 실제로 이러한 분석을 통해 가공된 데이터를 해석하고, 이를 다시 서사물 형태의 TV 콘텐츠로 반영하기 위해서는 질적 방법론 형태의 재가공이 필수적으로 요구된다. 요컨대 4차산업혁명을 통해 도출된 새로운 기술들이 유통과 소비의 영역을 넘어 문화콘텐츠와 디지털콘텐츠의 제작 과정에 도입되기 위해서는 단순히 이러한 기술의 노력만으로는 목표를 달성하기 어렵다는 것이다. 여기에

# 4차산업혁명이라는 거짓말

## 〈정글의 법칙〉 시즌별 표현어 분석과 키워드 도출

아름답고 / 가보고 싶고 / 신비롭고 / 놀랍지만 / 위험한 자연
(정글)
힘들고 / 고통스럽고 / 혹독하지만 맨손으로 활약하는 인간
(병만족)
대결 구도가 주는 감동과 재미
나도 한번 가보고 싶은 곳에 대한 간접 체험과 대리 만족

- 우리나라에는 없는 천혜의 자연풍광이 재밌더라.
  낯선 현지인들 나오면 재미없어.
- 차마고도 폭순도 호수 직접 못 가본 나로서는 병만족을 통해
  간접 경험할 수 있어서 너무 좋던데...
- 초기 정글에서의 생존이라는 긴장감과 예능이 결합되어 신선했지만
  점점 지나친 설정...
- 열대지방 먹을 것 풍부하고 멤버들도 단합 잘 되고 그럴 때는
  재미있는데.
- 예능+다큐+교육+체험= 온 가족이 볼 수 있는 정글의 법칙
  너무 좋아요!!

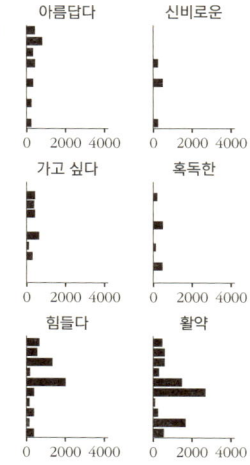

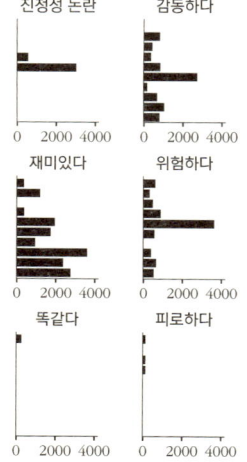

진정성에 대한 의심이 시작되면서 재미와 감동 하락세
끊임없이 제기되는 안전 문제
매번 똑같은 포맷(사냥, 집짓기, 먹방)에 대한 피로감

- 자고, 잡고, 먹고, 잡고, 먹고, 자고 땡! 먹방을 꼭 정글까지 가서
  해야 하나? 제작비가 아깝다.
- 가끔 본방 볼 때 재방 보는지 착각할 때가 있다. 뭐가 본방이지?
- 이건 뭐 장소만 다르지 포맷이 완전 똑같아. 사냥하고, 불 피우고,
  구워 먹고, 끓여 먹고... 그러니 지루해지지.
- 사냥-처묵-잠-사냥-처묵-잠-어디서 많이 본 포맷
  게임-처묵-잠-게임-처묵-잠.
- 장소만 다르지 매번 사냥하고, 먹고, 집 짓고, 자고...
  그리고 소소한 웃음. 똑같다.
- 정글과 어울리지 않는 화려한 협찬 등산복 입고,
  똑같은 패턴(고생-먹방-가족 카메라)으로 조금씩 짜증이 나기
  시작하네.

는 필수적으로 질적인 형태의 변환 작업과 이를 분석하기 위한 문제의식과 관찰력이 요구된다.

## 기술 적용에는 문화적 특수성이 고려되어야

4차산업혁명을 기점으로 하여 새롭게 제기된 사물인터넷, 클라우드 컴퓨팅, 빅데이터, 모바일 기술은 상호적인 연관 아래에서 순환구조를 이루며 데이터를 '수집-저장-분석-활용'하는 로드맵을 그릴 수 있게 되었다. 이러한 기술들은 주로 기존 사업에서 유통 과정의 빈 곳을 노려 새로운 산업을 창출하고, 기존 산업을 파괴하는 혁신을 보여주었다.

그러나 이러한 디지털 기술이 문화콘텐츠의 제작 과정에 적용될 때는 이를 활용하는 매우 섬세하고도 인간적인 의제 설정과 조정 과정이 필요하다는 점을 〈노 맨스 스카이〉나 SBS의 〈정글의 법칙〉 팀의 빅데이터 활용 과정을 통해 살펴보았다. 이러한 사례로 비추어 볼 때 ICBM 기술을 둘러싼 다양한 형태의 긍정적인 전망들은 다소 보수적인 시각에서 바라볼 필요가 있을 것이다. 다시 말해 '초연결 시대'란 일종의 은유적인 구호에 가까우며, 여전히 많은 부분에서 사용자의 직접적인 개입과 세밀한 의사 조정이 필요할 것이다.

부분적으로 문화콘텐츠의 제작 과정에서 문제 해결 과정을 내재한 빅데이터의 분석 방법이나 인공지능에 의한 절차적 생성 방법이 사용된다고 하더라도, 이러한 기술의 제한 없는 적용이 만능이 아님을 상기할 필요가 있다. 이를 위해서는 실제 분석하려고 하는 대상이 수치화만으로 이루어지지 않는 유기적인 개체일 때는 이를 분석하기 위한 양적 방법론과 질적 방법론의 조화가 필요하다. 특히 SNS의 사용자 반응과 같은 데이터들은 실제 그들의 메시지와는 다소 거리가 먼 자연어 처리 과정과 감정소 분석을 통해 특정한 수치로 전환된다. 이 과정에서 데이터 분석자의 개인적인 주관에 따라 이러한 데이터가 왜곡되어 적용될 가능성도 존재하기 때문에 질적 데이터의 양적인 전환 과정은 항상 조심스럽게 접근해야 한다.

⊙ **이정엽**
게임 디자이너이자 게임학자. 순천향대학교 한국문화콘텐츠학과 교수로 재직 중이다. 시리아 난민의 삶을 다룬 〈21 데이즈〉 외 다양한 인디 게임을 디자인해왔다. 인디 게임 생태계의 다양성을 위해 부산인디커넥트페스티벌을 조직하고 심사위원장을 맡고 있다. 저서로 『인디 게임』, 『디지털 게임, 상상력의 새로운 영토』 등이 있으며, 공저서로는 『디지털 스토리텔링』이 있다.

# 주

1 『클라우스 슈밥의 제4차산업혁명』, 클라우스 슈밥 지음, 송경진 옮김, 새로운현재, 2016.
2 『음악 산업백서』, 편집부 지음, 한국콘텐츠진흥원, 2015, pp.157~226.
3 『공유경제는 어떻게 비즈니스가 되는가』, 앨릭스 스테파니 지음, 위대선 옮김, 한스미디어, 2015.
4 『공유경제는 어떻게 비즈니스가 되는가』.
5 『클라우드와 빅데이터의 정치경제학』, 빈센트 모스코 지음, 백영민 옮김, 커뮤니케이션북스, 2015.
6 『클라우드와 빅데이터의 정치경제학』.
7 『클라우드와 빅데이터의 정치경제학』.
8 선제란 빅데이터에서 사용자의 행동을 미리 예측하여 시스템이 사용자에게 푸시나 알림 등의 형태로 미리 행동을 제시하는 상황을 의미한다.
Marco Rabozzi et al., "Preemption-aware planning on big-data systems", Proceedings of the 21st ACM SIGPLAN Symposium on Principles and Practice of Parallel Programming, 2016, pp.1~2.
9 http://store.steampowered.com/app/275850/
10 http://www.metacritic.com/game/pc/no-mans-sky
11 http://www.slideshare.net/ImseongKang/ndc15-imseong-pdf

12 텍스트 마이닝(text mining)이란 비/반정형 텍스트 데이터에서 새롭고 유용한 정보를 찾아내는 기술을 의미한다.

# 이것은 창조경제 2기입니까?

임태훈 대구경북과학기술원 융복합대학 기초학부 교수

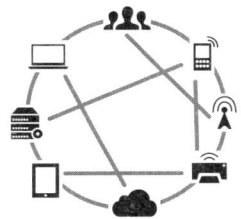

　문재인 정부가 추진하게 될 4차산업혁명 생태계 구축 정책은 박근혜 정부의 창조경제와 많은 부분에서 겹친다. 공약으로 제시된 내용만 놓고 본다면, 정부의 전문성과 신뢰성을 보강해 본격적으로 제대로 하겠다는 태세 전환에 더 가깝다. 문재인 정권이 종료된 이후에 확인하게 될 결과가 이름만 바꾼 창조경제 2기에 그치지 않으려면 어떤 고민이 필요할까. 촛불 항쟁에서 폭발한 새 시대를 향한 열망에 부합할 수 있는 경제 정책은 4차산업혁명보다 더 나은 것일 수는 없는 걸까. 문재인 정부의 4차산업혁명론이 결핍한 미래는 무엇일까. 앞으로 나아갈 방향을 가늠하기 위해선 지나온 길을 되짚어봐야 한다. 2010년대를 넘어 2020년대의 대한민국을 준비하는 지금이야말로 복기復碁가 필요한 시점이다.

## 실패한 모방

 문재인 정부의 4차산업혁명 비전이 박근혜 정부의 창조경제와 뭐가 다르냐는 지적은 선거 운동 단계에서도 제기됐던 문제다. 특히 안철수 캠프의 공세가 가장 적극적이었다. 국가 컨트롤타워가 4차산업혁명을 주도하게 하는 문재인의 공약은 박정희 시대에나 할 법한 발상에 불과하다고 깎아내렸던 것도 안철수 측이었다. 서로 대립각을 세우긴 했으나 문재인과 안철수 캠프 모두 박근혜 정부의 창조경제가 포괄했던 4차산업혁명의 필요성을 부정하지 않았다. 박근혜 정부가 제대로 흉내 내지 못한 창조경제론의 오리지널을 좀 더 본격적으로 쫓아가겠다는 것이 양쪽 캠프의 공통된 전략이었다. 이를테면 이것은 서로 원조라고 주장하는 맛집 경쟁과 비슷하다.

 2013년까지만 해도 박근혜 전 대통령의 창조경제는 대통령 자신을 비롯해 장·차관 누구도 제대로 설명하지 못하는 괴상한 국정 철학이었다. 주창되자마자 세간의 웃음거리로 전락한 창조경제가 독일 제조업 진화 전략이자 메르켈 정부의 역점 사업인 인더스트리 4.0의 한국판 유의어쯤으로 정립된 것은 이듬해인 2014년의 일이었다. 내비게이션, 스크린

골프, 스마트폰 메신저 등에 적용된 기술에 대한 유치한 감상이 조합된 박근혜 버전의 창조경제를 정보통신과 생명공학을 아우르는 9대 전략산업과 4대 기반산업 육성 프로젝트로 바꿔놓은 것은 미래창조과학부의 솜씨였다. 문재인 정부의 4차산업혁명 정책 역시 이 계획안에 기초하고 있을 정도로 새로운 창조경제론의 전체적인 그림 자체는 훌륭했다. 문제는 이만한 사업을 건실하게 끌어나갈 수 있는 리더십이 박근혜 정부에 부재했다는 것이다.

무능한 데다 끝내 무모했다. 2013년부터 3년간 21조 5,000억 원의 창조경제 예산이 투입됐고, 그 규모는 22조 원의 예산이 투입된 이명박 정부의 4대강 사업과 비슷하다. 정권의 치적으로 내세울 성과물을 조급하게 재촉한 것도 창조경제가 실패한 주요 원인이었다. K-유튜브, K-알파고 등의 국책 사업을 졸속으로 추진하다가 예산만 낭비하고 흐지부지되는 일이 반복됐던 것도 박근혜 정권 특유의 조급증 때문이었다. 새로운 분야를 개척하고 장기간에 걸쳐 꾸준히 지원하는 일보다는 외국의 성공 사례를 따라 하는 것이 박근혜 전 대통령 임기 내에 할 수 있는 창조의 최대치였다. 독일의 메르켈 총리를 롤 모델로 삼고자 했던 박근혜는 그의 정책도 흉내 내고자 했지만 어림없는 일이었다.

박근혜 정부의 창조경제는 과학기술 진흥이나 경제 정책보다는 공보 정책에 훨씬 충실했다. 문재인 대통령이 대선 후보 시절에 창조경제를 두고 말잔치에 불과하다고 비판했던 것은 정확한 지적이었다. 빅데이터, 사물인터넷, 인공지능, 증강현실, 가상현실 등의 첨단 기술 이슈를 연이어 띄우고, 2016년 다보스 포럼 이후 세계적 유행어로 부상한 4차 산업혁명까지 재빨리 선점해 창조경제론에 등치시켰다. 기업가, 정치인, 교수들이 창조경제의 말잔치에 끼여 맞장구를 쳤는데, 이들 대다수는 눈먼 나랏돈을 줍는 일에 관심이 많았다. 박근혜 정부 4년 동안에 창조경제가 대체 무엇이었는지 평가하려면, 그토록 문제가 많은 사업임에도 부조리와 비리에 기대서 돈을 번 자들이 누구였던가를 따져봐야 한다. 그리고 이런 일은 어느 정권에서나 반복되며, 문재인 정부라고 예외일 순 없을 것이다.

## 사기꾼들의 은어

박근혜 정부는 창조경제의 성과로 키워낼 우수 중소기업 육성 정책을 정권 초기부터 적극적으로 펼쳤는데, 3조 4,000억 원대의 사기 대출 사건을 일으키고 파산한 모뉴엘MONEUAL INC도 정부로부터 각별한 지원을 받은 회사 중 하나였다. 2004년에 설립된 모뉴엘은 PC와 소형가전 제조사로, 이명박 정권 시기에 이례적인 급성장을 이룩한 뒤, 창사 10주년이자 박근혜 정권 1년 차였던 2013년에 매출 1조 원 달성에 성공한다. 이 시기를 전후로 국무총리 포상, 지식경제부장관상, 미래창조과학부 표창 등을 연이어 받으며 창조경제 시대를 대표할 스타 기업으로 주목받았다. 미국 라스베이거스에서 열린 가전 전시회 CES Consumer Electronics Show에서는 2014년까지 무려 6년 동안 혁신상을 받았다. 이 시점까지만 해도 박정희와 전두환 정권 시기를 거치며 대기업으로 성장한 대우 그룹 사례에 비교될 만큼 모뉴엘을 향한 정·재계의 관심은 대단했다. 모뉴엘 박홍석 대표는 〈니혼게이자이〉 신문이 뽑은 2014년 주목되는 아시아 대표 경영자로 선정되기도 했다.

박근혜 정부는 모뉴엘의 성공이 이른바 '근혜노믹스'의 성과로 평가받길 바랐다. 박홍석 대표도 판을 정확하게 읽고 있었다. 정부와 언론에서 극찬하고 '히든 챔피언'이라며 치켜세우다 보니 금융권에선 큰 의심을 하지 않고 모뉴엘에 돈을 빌려줬다. 박홍석 대표는 회사 임원들과 짜고 분식회계와 수출 채권을 부풀리는 방식으로 은행권에서 거액의 돈을 융

통했다. 박홍석 대표에게 뇌물을 받은 금융권 고위 인사들은 모뉴엘이 단기수출보험 및 보증 총액 한도를 높이는 혜택을 누릴 수 있도록 도왔다. 위조된 실적을 근거로 무역보험공사로부터 신용보증을 받고, 한 곳에서 빌린 돈으로 다른 금융기관의 대출금을 갚는 돌려막기가 되풀이되었다. 그렇게 시중 은행 열 곳에서 받은 대출금이 3조 4,000억 원이었다.

결국, 2014년 10월에 박홍석 대표가 사기죄로 구속되면서 모뉴엘의 실체가 만천하에 드러났다. 기술력은 과대평가되었고 매출은 천문학적인 단위로 위조되었으며, 정부와 언론, 금융계의 검증과 관리 감독이 총체적으로 실패한 가운데 대출 사기로 연명해온 최악의 부실기업이 무너진 것이다. 조 단위의 사기 대출금 중에서 끝내 상환되지 못한 최종 피해액은 5,400억 원이었다.

모뉴엘 사태는 박근혜 정부의 창조경제가 맞이할 파국이 압축되어 있었다. 내실 없이 구호뿐인 정부 정책, 단기적인 성과에 급급한 보여주기식 행정의 한계, 정·재계와 금융권의 마피아식 결탁, 정작 문제가 생기면 책임 회피에 급급한 컨트롤타워의 무능과 부도덕이 적나라하게 드러난 창조경제의 축소판이었다.

이후에도 비슷한 사태가 또 벌어졌다. 박근혜 정부가 선정한 히든 챔피언 기업이었던 디지텍시스템스도 2016년에 1,160억 원대의 대출 사기를 저질렀다. 그러나 모뉴엘 사태를 능가하는 창조경제 최악의 경제 참사는 대한민국을 대표하는 세계 일류 브랜드 삼성이 저질렀다.

이재용 체제로 경영 승계를 시작한 삼성그룹은 2015년 제일모직과 삼성물산의 합병을 감행했다. 이 과정에서 삼성물산의 최대 주주였던 국민연금이 합병에 찬성표를 던졌다. 제일모직 상장가인 11만 3,000원을 합병가액으로 보고 환산했을 때, 합병의 결과로 국민연금은 2,130억 원, 삼성물산 소액주주들은 무려 1조 9,192억 원의 손해를 입었다. 반면에 이건희 일가는 1조 3,621억 원의 부당 이득을 취하고 삼성전자의 지배력까지 강화할 수 있었다. 이런 일이 가능했던 배경에는 박근혜와 최순실 그리고 삼성의 총수였던 이재용 사이의 검은 결탁이 있었다.

이재용이 이끌었던 2016년 삼성전자의 행보 역시 박근혜 정부의 창조경제가 그랬던 것처럼 조급증과 과시욕에 들떠 있었다. 그해 8월에 출시된 갤럭시 노트 7은 이재용 시대의 삼성전자를 상징하는 야심작으로 출시됐지만, 배터리 폭발 사고로 인해 출시된 지 54일 만에 단종됐다. 충분한 기술 테스트와 제품 안정화 과정을 거치지 않고 출시 일정에 맞춰

무리하게 시제품을 내놓으면서 생긴 사태였다. 정경유착과 근시안적 성과주의에 집착하다 끝내 파국을 맞이했다는 점에서 이재용의 삼성과 박근혜 정부는 쌍생아처럼 닮았다.

문재인 정부는 4차산업혁명 정책을 진행하면서 삼성과 어떤 관계를 맺게 될까. 문재인 정부의 전신이라고 할 수 있는 노무현 정부가 삼성과 긴밀한 관계를 맺어왔다는 지적을 뼈아프게 반성해야 할 것이다. 이 나라는 2000년대 중반의 대한민국으로 되돌아가려는 것이 아니라 도달하지 못한 새로운 미래를 준비해야 하기 때문이다.

## 토건족의 창조경제

건설업계와 부동산 재벌들도 박근혜 정부의 창조경제 덕분에 돈을 벌 수 있었다. 전국 19곳에 설치된 창조경제혁신센터와 이와 연관된 지역개발 사업은 빅데이터, 사물인터넷 등으로 요란하게 포장하긴 했으나 기본적으로 토건족을 위한 부동산시장 진흥책이었다. 정치인이 임기 내에 경제 성장률을 올리고 정치적 입지를 강화하려면 토목 경기 부흥은 빼놓지 않고 실행해야 하는 정책이다. 한국 경제는 부동산을 중심으로 돈이 흐르기 때문이다. 돈 있는 사람들에게는 창업이나 생산 투자, 금융자산 투자보다 부동산이 수익성과 안정성 면에서 가장 유리하다. 따라서 대한민국 토건족의 질서를 전략적으로 잘 이용하지 않고선 산업 현장과 기술 분야에 사람과 돈을 모으기 쉽지 않다.

문재인 대통령의 4차산업혁명 공약이 발표된 2017년 2월 1일 싱크탱크 5차 포럼에서 한 발언도 같은 맥락에서 곱씹어볼 필요가 있다. 그날 그는 이렇게 말했다. "21세기형 뉴딜을 대대적으로 시행하겠습니다. 새 정부에서는 공공건물 한 채도 그냥 짓지 않겠습니다. 스마트 하우스, 스마트 도로, 스마트 도시를 짓겠습니다. 우리 주변 모든 곳에 4차산업혁명 기술이 적용될 수 있게 하겠습니다." 이날 그의 발언을 가장 반색하며 들은 사람들은 누구였을까. 토건족과의 관계 설정에서 문재인 정부의 4차산업혁명 정책을 창조경제 2기로 보지 않을 이유가 없다.

### 다른 선택지

지금과 같은 추세라면 4차산업혁명의 최대 수혜자는 플랫폼 자본을 장악한 소수의 기업이 될 것이다. 소득 상위 1%가 전체 소득의 14.2%를 차지하고, 소득 상위 10%가 48.5%의 부를 장악한 대한민국은 초독점 사회로 진입할수록 한층 더 가혹한 소득 격차에 직면할 것이다. 가계부채는 2016년 4분기를 지나며 1천 300조 원을 돌파했다. 이 상황에 금리가 1%만 올라도 전체 가계의 추가 이자 부담은 9조 원에 달하고 7만 가구가 파산한다.

2017년은 생산가능인구(15~64세)가 줄어들기 시작하는 인구 절벽 원년의 해다. 바닥을 친 출산율은 오를 기미가 보이지 않는다. 18세에서 29세 청년 중에서 정규직은 단 7%에 불과하다. 도대체 이런 나라에서 청년이 미래를 꿈꿀 수 있을까. 대한민국의 이런 현실을 바꾸는 일에 4차산업혁명이 뭘 약속할 수 있을까. 4차산업혁명은 이 나라가 준비해야 할 불가피한 미래인가. 선택할 수 있는 다른 미래는 없는 것인가.

2016년 다보스 포럼에서 클라우스 슈밥은 4차산업혁명이 세계 경제의 대세라고 선언했다. 그들이 말하는 미래가 우리를 더불어 행복하게 할 수 있을까. 그들이 대세라고 정하면 우리는 매질을 당하는 가축처럼 끌려갈 수밖에 없는 신세일까. 문재인 대통령의 선한 의지를 믿고 선정善政이 이뤄지기

만을 기다릴 게 아니라, 우리가 살고자 하는 사회에 대한 비전을 공유하는 과정이 절실하다.

4차산업혁명을 당위가 아니라 선택지의 하나로 놓고 따져보는 논의가 이번 대선에선 절망적으로 결핍되어 있었다. 문재인 정부가 박근혜 정부 시절의 창조경제를 극복할 경제 정책을 내놓고자 한다면, 재벌과 토건족의 이익보다 노동자들의 삶을 가장 먼저 챙겨야 한다. 노동의 질서가 곧 세상의 질서이기 때문이다. 99%의 노동자가 일평생 가난의 비참에서 헤어날 수 없는 사회는 정상적인 세상이라고 할 수 없다. 그러니 외국 정책과 성공 사례를 모방하는 일에 더는 한눈팔 때가 아니다. 우리의 엄중한 현실에 집중할 단어는 4차산업혁명이 아니라도 아주 많다.

⊙ **임태훈**
대구경북과학기술원 융복합대학 기초학부 교수. 미디어 비평가로도 활동하고 있다. 저서로 『검색되지 않을 자유』, 『우애의 미디올로지』, 『시민을 위한 테크놀로지 가이드』 등이 있다.

# 콘텐츠 생태계와 4차산업혁명

장은수 출판평론가

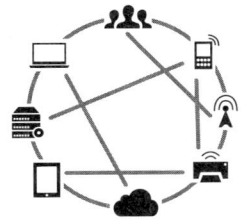

4차산업혁명이라는 말이 유행이다. 이 말이 정보기술이 촉발하는 혁신의 일상화를 가리킨다면, 그다지 잘못된 말도 아니다. 수십 년 동안 계속되어 온 변화의 전면적 실현을 강조하는 것에 지나지 않으니까. 하지만 인공지능과 인간지능의 첨예한 대결을 일련의 스릴러 연속극으로 극화한 '알파고 사건' 이후, 이 용어는 자연계 최고신 지위에 조만간 등극할 지성체의 탄생에 대한 인간적 비가$^{悲歌}$(인간은 이제 이등 지성체다)로, 인공지능으로 인한 대규모 실업에 대한 공공연한 예고편(미래에 상당수의 노동은 로봇이 대체할 것이다)으로 수용되고 있다. 인간이 만들어낸 기술이 기대와 희망의 도구가 아니라 어둠과 절망으로 가득한 미래에 대한 상징으로 사용되는 중이다. 심지어 인공지능이라는 압도적 수단을 보유한/보유할 자본과 권력의 새로운 복합체가 전 인류를 상대로 자발적 복종을 강요하는 협박 편지처럼도 느껴진다.

## 4차산업혁명은 실체가 있는가?

소수의 전문가들 입에서 '농담'처럼 오르내리던 '4차산업혁명'이라는 용어가 전 세계적으로 주목받기 시작한 것은 2016년 다보스 포럼에서부터다. 이 포럼의 회장 클라우스 슈밥은 정보기술을 통해 파괴적 혁신을 일으키려는 기업들이 고려해야 할 전략적 지향점을 제시하기 위해 이 용어를 사용했다. 그는 독일의 제조업 공정 혁신 프로젝트의 이름인 '인더스트리 4.0'을 사용했는데, 분명한 내용이 있었다기보다는 포럼을 위한 일시적 표어에 불과했다.

슈밥의 말이 국내 언론의 큰 주목을 받고, 그의 책이 베스트셀러가 되면서 일반인들도 관심을 가지게 되었지만, 4차산업혁명이 무엇을 가리키는지에 대해서는 아직 아무도 모르는 것 같다. 이 말이 전 세계에서 실제로 일어난/일어날 구체적 혁명을 이야기하는 '기술적 용어'$^{\text{descriptive term}}$는 아닌 게 확실하다. 많은 이들이 4차산업혁명을 말하지만, 현재까지는 이 용어에 대한 합의점을 논하기조차 어려운 수준이다. 한마디로, 희망사항이라면 몰라도 4차산업혁명에 대응하는 물리적 실체를 찾기는 너무나 어렵다.

오늘날 실제 세계에서 물리적으로 존재하는 것은 '비트의 법칙'에 따라 구축된 '초연결 세계'다. 이것은 부동의 사실이다. 제임스 글릭이 『인포메이션』(동아시아, 2017)에서 잘 이야기했듯, 비트의 법칙은 세상 만물의 기본 원리 중 하나에 해당하며, 정보기술은 이 법칙을 활용하는, 컴퓨터나 인터넷 같은 여러 기계들을 통해 자연을 개척해 사회로 바꾸고 있다. 정보기술이 일으킨 변화는 인류가 지금까지 주로 사용해온 동력기술이나 전기기술에 비해 혁신적이기에, 일반적으로 이를 3차산업혁명이라고 불렀다. 이 혁명, 즉 인간과 인간, 인간과 사물, 사물과 사물이 밀접하게 연결되어 정보를 주고받는 '만물인터넷'의 등장, 즉 정보기술혁명은 실체적으로 존재한다. 동력혁명이나 전기혁명이 그러했듯이, 아마도 세상 모든 것을 정보라는 관점에서 이해하고, 정보기술과 결합할 만한 것들이 모두 현실로 나타날 때까지 정보화는 멈추지 않을 것이다. 컴퓨터와 인터넷으로 이루어진 인공적 네트워크와 물리적, 생태적 네트워크가 밀접하게 상호작용하는 '초연결 세계'는 이제 우리가 살아가는 자연스러운 세계다.

4차산업혁명을 강조하는 이들은 흔히 인공지능과 빅데이

터가 새로운 문명의 시발점이 될 것처럼 이야기한다. 그러나 컴퓨터와 인터넷으로 상징되는 정보기술의 한 갈래에 불과한 이들이, 과연 정보혁명만큼이나 거대한 혁신을 우리 세상에 일으킬지에 대해서는 회의적이다. 정보기술의 최전방에 있는 미국의 실리콘밸리 회사들은 여전히 이 용어를 거의 사용하지 않는다. 첨단 기술국가인 독일이나 일본 등에서도 일부 언론을 제외하면 이 말을 진지하게 받아들이는 이들은 많지 않은 것 같다.

그렇다면 국내의 모든 기업과 정부기관 등이 화들짝 놀라, 대책 수립에 부심하는 중인 4차산업혁명을 어떻게 받아들여야 할까? 필자는 이 단어가 정보혁명이 전 지구적 '초연결성'을 확보한 단계로 접어들면서 각국(각 산업, 각 기업)이 이를 '전술적으로' 어떻게 수용할 것인가를 이야기하는 '수단적 용어'instrumental term라고 생각한다. 혁명이라는 말을 사용했다고 해서 실제로 혁명이 일어나는 것은 아니다. '4차'라는 말이 쓰였다 해서, 사회가 다음 단계로 나아가는 것도 물론 아니다. 호들갑을 떨기보다는 정보화가 가져오는 실체적 변화를 깊게 성찰하고, 이를 사람들이 더 살기 좋은 사회를 만들어가는 데 어떻게 이용할 것인가를 고민해야 한다.

현재 전 세계의 국가들(산업들, 기업들)은 '초연결성의 전면화'라는 정보 물리적 현상에는 모두 동의하지만, 이 현상이 인간에게 가져올 정치적, 경제적 문제를 진지하게 성찰하고, 변화의 방향을 자신들에게 유리한 쪽으로 이끌어가는 식으로 담론 방향을 설정하는 중이다. 특히, 자국 산업 중 국제적 비교우위를 갖춘 분야에 논의가 집중되고 있다. 아주 거칠게 말하면, 미국은 인공지능과 금융정보화 쪽에, 독일은 대량 개별화가 가능한 자동화 공장 쪽에, 일본은 차세대 로봇과 스마트 부품 쪽에, 중국은 소비재 산업 쪽에 초연결성을 실현하여 빅데이터를 확보하고, 이 분야 전체를 지배하는 플랫폼을 구축하려고 안간힘을 쓰는 것으로 보인다.

전 세계적 플랫폼으로 이어질 수 있는 미개척 영역은 수없이 남아 있다. 정보의 법칙은 자연법칙이기에 당연히 모든 것을 관통하지만, 기술을 통해서 각 영역에 접근하는 것은 충분히 진행되지 않았다. 정보기술을 이용해서 각각의 영역을 새롭게 상상할 수 있는 여지는 아직 넉넉하다. 정보와 집이 결합하면 스마트홈이, 정보와 회사가 결합하면 스마트 작업장이, 정보와 도시가 결합하면 스마트시티가, 정보와 자동차가 결합하면 자율주행 자동차가, 정보와 비행기가 결합하면 자율주행 비행체(드론)가, 정보와 생명체가 결합하면 인공생물체가, 정보와 지능이 결합하면 인공지능이, 정보와 공작 기구가 결합하면 3D 프린터 등 DIY 기계가, 정보와 화폐가 결합하면 블록체인이, 정보와 물리적 세상이 결합하면 증강현실이, 정보와 상상적 세계가 결합하면 가상현실이, 정보와 미디어가 결합하면 소셜미디어가 나타난다. 우리의 일상을 구성하는 이 영역들은 인간과 정보와 자본이 융합한 형태로 각각 '독립적' 세계를 이룬다.[1]

전 세계 국가들(자본들)이 정보기술을 통해 우리의 일상을 지배하려고 하는 가운데 도대체 우리는 어디에 중점을 두고 이 말을 쓰고 있을까. 기술의 충격을 받고 비틀거리기만 할 뿐, 집중된 지혜를 발휘하지 못하는 것은 아닐까. 4차산업혁명이 우리를 어떻게 이끌어갈 것인지, 무엇을 위해 우리가 이 혁명을 해야 하는지를 우리가 망각한 것은 아닐까.

## 초연결 사회의 콘텐츠 비즈니스

'초연결 세계'는 새롭게 발견된 자연이다. 그러나 자연을 어떤 기술로, 어떻게 활용할 것인가에는 자본만이 아니라 고도의 정치적, 사회적 합의를 필요로 한다. 특히, 초지능이 인간지능을 '결정적으로' 넘어서고, 심지어 인간을 노예화할 수 있을 정도로 위험한 특이점이 도래할 것이라는 일부의 우려가 확실하다면 장기적으로 더욱 그러하다. 또한 기술 발전의 결과로 획득되는 막대한 이익이 역외 조세 피난처로 흘러갈 뿐, 소비자 편리를 빌미로 자국 경제를 피폐와 파산으로 몰아넣을 가망성이 크다면 당장이라도 따져볼 게 적지 않다.

기술의 무분별한 발전이 인간 삶의 기초 조건을 망친 끝에 한 사회를 파멸로 몰아넣은 경우는 인류 역사에 무수히 많다. 지구 온난화 문제, 후쿠시마 원전의 비극, 미세먼지로 인한 대기오염 등은 지금도 여전히 진행 중이다. 4차산업혁명을 일으킬 개별 기술의 개발은 전문가의 면밀한 검토와 관련 정보의 대중적 공유에 기반을 두고, 충분한 사회적 성찰이 이루어진 후에 진행되어야 한다. 자본 이익의 극대화에만 신경 쓸 게 아니라, 기술이 인간을 공격하지 못하도록 극도의 주의를 거치고 나서 추진해도 결코 늦지 않다.[2]

'초연결'은 '고정성'을 기초로 하는 세상을 파괴적으로 혁신한다. 콘텐츠 비즈니스를 예로 들어보자. 기존에는 물리적 채널을 장악한 기업들이 콘텐츠 세계를 분할해 통치했다. 방송은 방송망을 장악한 공중파 3사가, 신문은 보급망에서 우세한 조·중·동 3사가, 출판은 서적 유통망을 갖춘 대형 출판사가, 영화는 물리적 배급망을 독점한 유통사 등이 우위에 있었다. 이들의 힘이 순식간에 줄어들지는 않았지만, '초연결성'은 이들의 기반을 꾸준히 파괴하고 해체하여 변신을 강요한다. 콘텐츠 생산자와 소비자를 연결하는 우회로가 이제는 너무 많을뿐더러, 콘텐츠 창조 및 보급에 관한 도구의 혁신에 따라 관련된 사회적 비용이 급속히 떨어지고 있기 때문이다.

이에 따라 문화예술 산업에서는 고정 채널을 유지하는 데 들어가는 기본 인력들이 불필요해지면서, 이들에 대한 구조조정이 일상적으로 이루어지는 중이다. 방송국, 신문사, 출판사, 영화사 등은 기획, 투자 등 자본이 작동하는 부문만 남겨놓고, 노동 전체가 외부화, 임시화하고 있다. 이러한 현상은 장기적으로 개별 국가 내의 방송국, 신문사, 출판사, 영화사 등의 지속적 해체와 글로벌 문화산업 플랫폼에의 종속을 유발할 수 있다(싸이월드의 해체가 얼마나 빨리 진행되었는지를 상기해보라).

이에 따라 특정 플랫폼의 성장과 소멸 역시 변동성이 무척이나 커질 것이다. 결국 미래의 미디어 환경에서는 잦은 플랫폼 변동에 유연하게 대응할 수 있는 형태의 가볍고 유연한 조직이 '고정성'의 원리에 따라 구축된 거대조직을 압도할 것이다. 그러므로 이들이 좀 더 쉽게 출현하고 자주 실패를

견딜 수 있도록, 사회적 지원 정책이 마련되어야 한다. 또한 새로운 사업모델의 출현에 열광하기만 할 것이 아니라, 기존에 일하던 인력들이 새로운 사업모델에서도 적응해서 일할 수 있도록 국가 자원을 동원해서 교육과 재교육에 지속적으로 투자하는 것이 마땅하다. MIT 미디어랩의 조이 이토는 "지난 세기 중반쯤, 변화가 인간을 앞질렀다"고 말했다. 인간이 변화에 적응하는 속도보다 변화 자체의 속도가 더 빨라졌다는 말이다. 앞으로 고정성은 더욱 빨리 해체되고 유동성도 크게 확산될 것이다. 따라서 이러한 보완 장치는 콘텐츠 비즈니스뿐만 아니라 산업 전반에 걸쳐 요구된다.

한편, 기존의 콘텐츠 산업 정책은 모두 콘텐츠 창조보다 소비가 훨씬 쉽다는 전제를 두고 구축되어 있다. 쓰기보다 읽기가, 부르기보다 듣기가, 그리기보다 보기가, 놀이 만들기보다 놀기가, 가르치기보다 배우기가 더 쉽다고 사람들은 흔히 생각한다. 그러나 '초연결성'은 이러한 산업적 전제를 완전히 파괴한다. 『인에비터블 미래의 정체』(이한음 옮김, 청림출판, 2017)에서 케빈 켈리가 말한 것처럼, 세상 모든 것이 서로 연결되자 사람들은 소비가 아니라 창조에 몰두하기 시작했다.

기존 형태의 콘텐츠 소비 자체가 쉽게 줄어들지는 않을 것이다. 하지만 오늘날 문화의 소비자들은 더 이상 수동적 대중이 아니다. 그들은 '소비 이후'에 여러 활동들을 통해서 자신이 소비한 문화를 재창조한다. 이러한 창조 활동을 위해서 기존 문화를 소비하는 것처럼 보일 지경이다. 가령, 방송을 보는 것은 '짤방'을 만들려고, 책을 읽는 것은 '팬픽' '서평' '구절' 등을 공유하려고, 영화를 보는 것은 '패러디'하려고, 음악을 듣는 것은 '따라 부르기'를 하려고, 배우는 것은 '가르치는 방법'을 공부하려는 것이다. 이것이 초연결사회의 특징이다. 사람들의 '소비적 창조 행위'가 연결망을 통해서 다른 이들에게 아주 쉽게 공유되면서, 더 많은 창조를 불러일으킨다.

모두가 창조에 참여하는 세상의 도래는 기존 비즈니스 전체를 분명히 파괴적으로 혁신한다. 하지만 저작권법 등 현행 법적 체계는 소수에 불과한 창작자의 권리를 강력하게 보호하는 쪽으로 형성되어 있다. 지식의 공유를 가로막고 보호에만 치중하는 현행 법 체계를, 좀 더 많은 사람들이 창작에 자유롭게 참여할 수 있도록 바꾸어가야 한다. 사적 소유 중심에서 공적 공유가 더 자유롭고 빈번하게 일어날 수 있도록 해야 하는 것이다.

초연결 사회에서 대다수 사람들이 기존 콘텐츠를 이용해

자유롭게 또 다른 콘텐츠를 창조하고 공유하는 것을 법으로 막기는 어려울 것이다. 법이란 인간의 집합적 의지가 작용한 결과이기에, 아마도 장기적으로 이러한 법 체계는 유지 불가능할 것이다. 아마추어가 만들어 무료로 공유시킨 동영상 콘텐츠의 최고 조회수는 한국 영화 최고 관객수의 수십 배가 넘는다. 미래의 저작권을 둘러싼 모든 논의는 이 사실을 불가역적 전제로 삼아야 한다. 지금과는 전혀 새로운 형태의 저작권법을 준비하는 동시에, 창작자의 기존 권리를 침해함으로써 이득을 보고, 그 이득을 독점하는 네이버, 카카오, 페이스북, 구글과 같은 플랫폼에 관련한 세금을 부여한 후, 이를 창작자들한테 재분배하는 플랫폼세의 도입을 고려할 필요가 있다.

## 4차산업혁명에 대한 성찰적 논의가 필요하다

인공지능이 불러올 '전 사회의 인지화'는 피할 수 없다. 인공지능은 사회 모든 영역으로 퍼져나갈 것이고, 사람들은 앞으로 인공지능을 필요할 때마다 전기처럼 편하게 끌어다 쓸 것이다. 하지만 인공지능 자체에 주목해봐야 한국 업체들이 우위를 확보하는 것은 이미 늦었다고 생각한다. 네이버가 구글이, 예스24가 아마존이, 카카오가 페이스북이 될 것이라고 믿는 것은 난센스다. 최근에 네이버가 검색이 아니라 콘텐츠에 집중하는 것은 아마도 그 때문으로 보인다. 자율주행 자동차도, 자동번역 등도 조만간 현실화될 것이다.

아마도 이러한 상황은 개별 콘텐츠 기업들에는 엄청난 기회가 될 것이다. 운전을 하지 않게 되면, 사람들은 자동차 안에서 무엇을 할까. 아마도 다양한 콘텐츠들을 소비할 것이다. 그런데 여기에 적합한 콘텐츠는 아직 전 세계적으로 충분히 준비되어 있지 않다. 이것은 콘텐츠 비즈니스에 새로운 기회가 열리고 있음을 보여준다.

가령, 드론레이싱 같은 콘텐츠스포츠를 개발하는 것도 하나의 방안이 될 것이다. 비행기를 탈 때 장거리 노선을 타면 두 시간짜리 영화를 보지만, 국내선을 타면 짤막한 다큐멘터리나 프리미어리그 명장면 같은 것을 본다. 프리미어리그는 만들기 어렵지만, 콘텐츠스포츠 방송과 같은 새로운 방송을 만드는 것도 얼마든지 가능할 것이다. 새로운 환경에 맞추어, 자유롭게 콘텐츠를 상상하고 실패를 두려워하지 않고 이를 시도할 수 있도록 신콘텐츠 관련 지원 시스템을 구축할 필요가 있다.

인공지능 번역 역시 마찬가지다. 늦어도 20년 안에 고급 문화 영역을 제외하면 전 세계에서 언어장벽은 거의 사라질 것이다. 이런 시대가 온다면, 『해리 포터』가 이미 보여주었듯이 좋은 콘텐츠 하나가 일으킬 파급력은 어마어마하다. 아울러 국경의 장벽이 무너짐에 따라서 문화전쟁이 본격화할 가망성이 아주 높다. 기존의 문화예술이나 인문콘텐츠를 바탕에 놓고, 자동번역을 활용해서 전 세계인과 함께 즐길 콘텐츠를 개발하는 것은 우리 문화산업의 미래를 위해서 시급한 일이다.

인간과 사물 사이의 연결을 통한 증강화와 가상화도 피하지 못할 것이다. 여기에는 아주 새로운 기술이 필요하다. 중독적 몰입을 만들어내는 가상화와 새로운 주목을 창조하는 증강화는 그 방향은 다르지만, 세상 모든 곳에 화면이 존재하는 환경에서 이러한 종류의 콘텐츠가 출현하는 것은 피할 수 없을 것이다. 가상화로 인한 중독과 증강화로 인한 공해를 둘러싼 인문적 성찰 및 사회적 토론도 본격화할 필요가 있다. 박물관이나 관광지 역시 가상화나 증강화에 대비해야 한다. 이처럼 앞으로 세상 모든 곳에서 새로운 형태의 콘텐츠가 요구될 것이다. 거기에 따라서 기존 산업은 철저하게 해체되어 재편될 가망성이 높다. 그 와중에 더 많은 도전이 활성화될 수 있도록, 기존 산업 중심의 담론을 새로운 시대에 발맞추어 전반적으로 바꾸어갈 필요가 있다.

4차산업혁명은 고정된 실체가 아니다. 서두에서 밝혔듯, 그것은 실체가 없는 기술적 용어에 가깝다. 따라서 4차산업혁명을 전제로 놓고 이야기하기보다, 4차산업혁명을 가지고 무엇을 할 것인가를 물어야 한다. 이에 대한 이야기는 이제 시작되었을 뿐이다. 쓸데없는 패닉을 불러일으키지 않는 성찰적 논의가 필요한 것은 이 때문이다.

⊙ **장은수**
편집문화실험실 대표, 읽기 중독자. 서울대학교 국어국문학과를 졸업했으며, 민음사에서 오랫동안 책을 만들고, 또 대표이사(편집인)도 역임했다. 현재 순천향대학교 미디어콘텐츠학과 초빙교수로 학생들과 어울리면서 주로 읽기와 쓰기, 출판과 미디어 등에 대한 생각의 도구들을 개발하는 일을 한다. 저서로는 『출판의 미래』 등이 있다.

**주**

1 이때 독립적이라는 말은, 자본이 정치로부터 과거에 비해서 비교할 수 없을 정도로 독립되어 있다는 뜻이다. 정치는 영토의 한계에 갇혀 있기 십상인데, 자본은 전 지구적으로 자유롭게 움직인다. 이들은 개별 국가로부터 잉여가치를 모아들이지만, 그에 합당한 사회적 의무를 거의 치르지 않는다.
2 다보스 포럼의 보고서에 따르면, 2020년까지 일자리가 약 510만 개나 사라질 것이다. 사라질 일자리에는 비숙련노동뿐만 아니라 자율적 인공지능의 활용에 따라 사회적 수요가 급속히 위축될 의사, 기자, 번역가 등 전문가들의 숙련노동도 포함된다. 또한 여가시간이 비약적으로 늘어남에 따라 생기는 각종 사회문제 등도 마찬가지로 중대하다.

**부록**

# 4차산업혁명을 바라보는 여러 가지 시선

이정모 서울시립과학관장

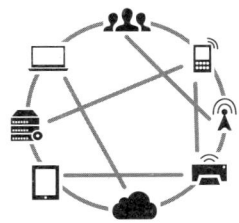

　대한민국은 (어디에 쓸 수 있는지는 모르지만) 4차산업혁명 지도사 자격증이 있는 나라다. 한림대학교에는 '4차산업혁명' 전공 과정이 있다. 이 정권이 끝나기 전에 4차산업혁명 학과가 생길지도 모르겠다. 이제는 더 이상 4차산업혁명의 실체를 두고 왈가불가하는 것은 의미가 없다. 이미 4차산업혁명이라는 말은 우리 삶 깊숙이 들어온 보통명사가 되어버렸기 때문이다. 대한민국에서는 4차산업혁명이 이미 진행 중이다. 그럼에도 불구하고 4차산업혁명에 대한 비판적 논의를 정리하는 것은 의미가 있다. 5년 후 이 정권에 대한 반성을 위해서라도 꼭 필요한 일이다.

　장석권 한양대학교 교수는 4차산업혁명에 대하여 다섯 가지 질문을 했다.

1) 4차산업혁명은 실체인가 허상인가?
2) 4차산업혁명은 혁명인가 진화인가?
3) 4차산업혁명은 목표인가 수단인가?
4) 4차산업혁명은 위협인가 기회인가?
5) 4차산업혁명의 손익계산은 무엇인가?

우리가 꼭 생각해봐야 할 문제다. 그런데 2017년 3월에서 5월까지 신문에 발표된 4차산업혁명을 비판적으로 살펴본 칼럼들은 1)번과 4)번, 그리고 '4차산업혁명이라는 용어에 대한 거부감'과 '4차산업혁명을 위해 정부가 무엇을 해야 하는가?'라는 문제만 주로 다루었다.

이 글의 목적은 4차산업혁명을 비판적으로 살펴본 칼럼들을 간단히 소개하는 것이다. 올해 들어서 4차산업혁명을 다룬 기사는 한 달에 수백 건에 달한다. 그러나 독자들도 충분히 짐작하듯이 4차산업혁명을 비판적으로 다룬 칼럼은 그리 많지 않을뿐더러 몇 개의 언론사에만 집중되어 있다.

## 실체인가 허상인가?

소설가 장강명은 4차산업혁명이라는 신조어가 '심오롭다'고 표현했다. '심오롭다'는 말은 심오한 것 같지만 사실은 별 뜻이 없다는 야유다. 그는 몇 십 년 전의 유행어 '제3의 물결'과 4차산업혁명이 근본적으로 뭐가 다른지 모르겠다고 했다.

역사학자 김기봉은 "제4차산업혁명은 아직은 실체가 없는 유령처럼 등장한 말"이라고 주장한다. 1차산업혁명은 화석에너지를 이용해 증기기관 같은 동력을 발명하여 생산량을 급증시킨 계기를 말하는데, 1차산업혁명은 급격히 일어나지 않았으며 1760~1830년 사이에 서서히 지속적으로 진행되었다. 그런데 역사학은 점진적으로 조용히 일어났던 변화를 급격한 혁명으로 서술하는 경향이 있다는 게 김기봉의 지적이다. 그에 따르면 문제는 이번에도 마찬가지라고 한다.

유령처럼 등장한 제4차산업혁명이 현재 우리의 사고와 행동을 지배하는 풍조다. 우리는 '조국 근대화'와 '잘 살아보세'와 같은 구호를 외치며 압축 성장한 성공 신화를 갖고 있다. 하지만 제4차산업혁명은 항해의 방향만을 가리키는 나침반

이지 지도에 나와 있는 길은 아니다.

「제4차산업혁명, 유령인가 미래인가」, 〈조선일보〉 2017년 5월 24일

2016년 3월 알파고의 충격과 2017년 5월 대통령 선거가 없었더라도 우리나라에 4차산업혁명 열풍이 불었을까? 아마도 아닐 것이다. 우리나라를 제외한 다른 나라가 4차산업혁명이라는 단어를 쓰지 않는 것을 보면 쉽게 짐작할 수 있다. '다른 나라에서 안 쓰는 말이라고? 아니, 그러면 독일의 국가 프로젝트인 인더스트리 4.0은 뭐야?'라고 물을 수 있다. 실제로 인더스트리 4.0과 4차산업혁명을 같은 것으로 보는 시각이 일반적이다.

송진식 〈경향신문〉 기자는 "인더스트리 4.0은 기존 기계 생산체제와 사물인터넷이 결합한 완전한 자동화 생산체제를 의미한다. 최근 널리 쓰이는 '스마트 팩토리'의 개념도 이와 비슷하다"고 말한다. 봉성창 〈비즈한국〉 기자는 독일의 아디다스 공장의 예를 들어 "20세기 신발 공장은 인건비가 저렴한 국가로 계속 이전하는 양상을 보였지만, 4차산업혁명 시대에는 모든 공정이 로봇에 의해 자동화되면서 매우 적은 인력으로 더 많은 신발을 생산한다. 이로 인해 다시 독일에서 신발을 생산할 수 있게 됐다"고 설명하면서 인더스트

리 4.0을 4차산업혁명과 등치시킨다. 이들에 따르면 4차산업혁명 시대란 "전통적인 제조업이 첨단 ICT 산업과 융합해 새로운 차원의 생산성을 갖추게 되는 시대"다.

하지만 독일의 인더스트리 4.0은 4차산업혁명과는 다른 것이라는 시각도 있다. 그렇다면 독일은 왜 인더스트리 4.0을 국가 프로젝트로 삼았으며, 이것은 4차산업혁명과 어떻게 다른 것일까? 인더스트리 4.0에 대해서는 이명호 여시재 선임연구원이 깔끔하게 정리해주었다.

> 독일이 주목한 것은 독일의 제조 현장이었다. 고급의 기술력을 보유한 숙련 노동자, 기술자들이 고령화되어 은퇴하고 노동력이 감소하고 있는데, 어떻게 독일의 기술력과 경쟁력을 유지할 것인가는 하나의 중요한 과제였다. 그래서 생산과정의 정밀한 데이터를 수집해 분석, 제어하는 방법으로 노하우를 담고, 고령화와 노동력 감소를 자동화의 극대화로 극복하려고 했다. 그리고 대량생산 대량소비에서 고객 맞춤형 생산으로, 제품에서 서비스로 고객의 요구가 변화하는 추세에 맞게 유연 생산 시스템, 즉 스마트 공장을 발전시켰다.
> 「4차산업혁명, 누구에 의한 무엇을 위한 혁명인가?」, 〈IT 조선〉 2017년 4월 8일

4차산업혁명이 있으려면 3차산업혁명이 먼저 있어야 한다. 노수린 한림대 교수는 인터넷 혁명이 3차산업혁명이라고 한다.

> 인터넷이 온라인의 세계를 열어 3차산업혁명이 일어났다. 그리고 이제 10년이 조금 넘었는데 4차산업혁명의 시대에 들어섰다. 너무 빠른 속도다. 그래서인지 4차산업혁명은 유행어에 불과할 것이라는 의견도 있다. 그러나 기술의 수준이 제대로만 적용된다면 사람의 생활과 문화 나아가 사고의 체계를 완전히 바꿔놓을, 아니 바꿔놓아야만 생존이 가능해지는 그야말로 혁명이 될 수도 있다.
>
> 「4차산업혁명, 누구를 위한 기술인가」, 〈넥스트데일리〉 2017년 3월 3일

민경배 경희사이버대 교수는 "불과 몇 해 전 유행했던 제러미 리프킨의 '3차산업혁명'과 지금 유행하고 있는 클라우스 슈밥의 '4차산업혁명' 간에 본질적 차이가 별로 없다"고 주장하면서 "지금의 4차산업혁명이란 내용적으로는 3차산업혁명 과정의 일부분으로 보는 것이 타당하다"라는 미래학자 정지훈 교수의 의견을 인용했다. 이에 대해 봉성창 기자 역시 정지훈 교수와 같은 말을 한다.

부록 / 4차산업혁명을 바라보는 여러 가지 시선

> (우리는) 3차산업혁명 시대에 살고 있다. 경제학자 제러미 리프킨이 주창한 3차산업혁명은 고도로 발달된 정보통신기술(ICT)을 바탕으로 에너지를 재생하고 수평적으로 공유하는 시대를 의미한다.
>
> 「4차산업혁명, 누구냐 넌 ① 실체가 없다?」, 〈비즈한국〉 2017년 5월 19일

4차산업혁명이라는 말은 사실 꽤 오래전에 한국 신문에 등장했다. "미국 텍사스대 로스토 교수, 한국-대만 등 4국 4차산업혁명 문턱"(〈동아일보〉 1983년 8월 20일 자)이라는 보도가 나온 게 벌써 34년 전의 일이다. 3차산업혁명이 시작되었다는 주장이 나온 게 불과 십여 년 전인 것을 생각하면 정말 놀라운 일이다. 또한 어처구니없는 일이기도 하다.

하지만 작금의 4차산업혁명에 대한 논의는 웃어넘길 일이 아니다. 한국 사회는 이에 대해 매우 진지하게 논의 중이다. 현재 사용되는 용어를 만든 사람은 역시 클라우스 슈밥이다. 클라우스 슈밥은 21세기의 시작과 동시에 4차산업혁명이 시작되었다고 주장한다. 4차산업혁명이 디지털 혁명을 기반으로 한다면서, 모바일 인터넷, 센서, 인공지능과 기계학습을 핵심 기술로 지정했다.

김진형 지능정보기술연구원장은 "과연 모바일 인터넷, 센

서, 인공지능과 기계학습이 21세기에 새로 시작된 기술일까?"라고 묻는다. 실제로 클라우스 슈밥은 자신의 책에서 4차산업혁명이라는 용어와 정의에 대해 전문가들이 동의하지 않는다고 고백했다. 그런데 그의 책이 가장 많이 팔린다는 한국에서는 4차산업혁명의 열풍이 불고 있다. 그 이유에 대해 김진형은 "4차산업혁명이라는 화두가 변화를 갈망하는 대한민국의 정치 경제 상황과 맞물려 강력하게 대두되고 있다"고 진단한다. 기업들 역시 문재인 정부에서 가장 기대하는 정책이 4차산업혁명위원회라고 대답한다.

4차산업혁명의 본질에 대한 김진형의 주장이 매우 특이하다. "요즘 나타나는 놀라운 인터넷과 인공지능의 성과는 70년 전에 시작된 디지털 기술, 즉 컴퓨터, 반도체, 통신, 소프트웨어 기술의 기하급수적 파급 효과일 뿐이다. Cyber-Physical 시스템, 3D 프린터, 드론, 로봇 기술이 세상을 바꾸는 혁명적 기술인 것처럼 보이지만 이들은 기존 디지털 기술의 확산일 뿐이다. (중략) 이런 관점에서 요즘의 경제·사회의 변화는 새로운 산업혁명의 시작이라기보다는 3차산업혁명, 즉 디지털 혁명의 심화라고 보는 것이 타당하다. 여러 외국 연구기관들은 4차산업혁명이라는 용어보다는 디지털 변환Digital Transformation, 줄여서 DX라는 용어를 즐겨 쓴다. DX 경제가 도래하고 있다고 주장한다"면서 4차산업혁명의 본질은 "20년 전 김대중 대통령이 취임식에서 선언했던 '세계에서 컴퓨터를 가장 잘 쓰는 나라 만들기'" 바로 그것이라고 한다.

4차산업혁명에 대한 김진형의 정의에 따르면 우리는 여전히 3차산업혁명기에 머물러 있어야 한다. 그의 주장이 옳을 수도 있으나(실제로 내 생각도 비슷하지만) 이 주장이 우리나라에서 통할 리가 없다. 이범희 〈일요서울〉 기자 역시 4차산업혁명의 본질에 대한 의문을 제기한다.

> '4차산업혁명'은 정보통신기술$^{ICT}$의 융합으로 이루어낸 혁명 시대를 가리킨다. 이 혁명은 물리적, 생물학적, 디지털 세계를 빅데이터에 입각해서 통합시키고 경제 및 산업 등 모든 분야에 영향을 미치는 다양한 신기술로 설명될 수 있다. 가상현실, 증강현실도 물리적 세계와 디지털 세계의 접목에 해당된다. 여기서 의문이 제기된다. 그동안 이런 일들이 연구되지 않았는가 하는 것이다.
>
> 「너도나도 '4차산업혁명' 띄우기 발언」, 〈일요서울〉 2017년 3월 3일

그는 새로운 개념으로 삼을 만큼 설명이 완벽하지 않은 용어가 대중적으로 통용되는 것이 문제라고 지적한다. 그러면

서 정작 자신은 "그런데 4차 산업을 설명하라 하면 단순하게 '인공지능 산업'이라고 말할 뿐 더 이상이 없다. (중략) 그러면서 자율자동차, 스마트아파트 정도를 예로 들고 있을 뿐이다"라고 말하면서 4차산업혁명과 4차 산업을 혼동하고 있다. 많은 사람들이 하는 실수인데 초등학교 때부터 배운 1차, 2차, 3차 산업의 분류가 익숙하기 때문일 것이다.

## 4차산업혁명에 거부감을 느끼는 이유

4차산업혁명의 실체에 대한 논의는 거의 거부감을 표시하는 것으로 끝나고 만다. 도대체 그 이유가 뭘까?

우선 4차산업혁명이라는 의제가 정치권에서 주도적으로 나왔다는 점을 들 수 있다. 우습게도 포문을 연 사람은 당시 집무가 정지된 대통령 신분이었던 박근혜다. 채수웅 〈디지털데일리〉 기자는 박근혜가 정규재TV와 인터뷰를 하면서 자신이 "창조경제, 문화융성을 통해 4차산업혁명이 이뤄질 수 있는 기반을 다져왔다"고 자평했으며, 그가 집무 정지 기간에 4차산업혁명을 주창한 세계경제포럼의 클라우스 슈밥 회장의 저서 『클라우스 슈밥의 제4차산업혁명』(송경진 옮김,

부록 / 4차산업혁명을 바라보는 여러 가지 시선

새로운현재, 2016)을 읽는 등 창조경제가 아닌 4차산업혁명에 남다른 관심을 보였다고 썼다. 채수웅 기자에 따르면 박근혜 정부에서 탄생한 미래창조과학부도 창조경제를 버리고 발빠르게 4차산업혁명으로 갈아탔는데, 그들은 자신들의 창조경제가 4차산업혁명 시대의 밑거름 역할을 했다는 식의 논리를 펼쳤다고 한다.

지난 대선 과정에서 문재인 후보는 대통령 직속 4차산업혁명위원회를 설치하고, 초고속 사물인터넷망과 자율주행차가 달릴 수 있는 스마트 고속도로를 건설하겠다는 등 여러 공약들을 쏟아냈다. 그러자 안철수 후보는 문재인 후보의 공약이 1970년대 박정희 패러다임식 정부 주도형 발상이라며 각을 세우고, 4차산업혁명에 대비한 교육 혁신으로 5-5-2 학제 개편안을 내놨다. 4차산업혁명 관련 공약을 교육 정책으로까지 확산시킨 셈이다.

여기에 대해 민경배 교수는 "시장 바닥 노점상에서 어묵 하나 사 먹는다고 민생이 파악될 리 만무하다"고 일갈하면서 두 후보가 경제, 교육, 복지 등 다양한 분야에 걸쳐 4차산업혁명 공약을 남발하고 있는데, 깊이 있는 분석과 성찰을 찾아볼 수 없다고 비판했다. 그의 비판은 짧은 칼럼 안에서도 매우 구체적이다.

문재인 후보가 제시한 4차산업혁명 관련 공약만 봐도 벌써부터 여러 허점들이 발견된다. 무엇보다도 일자리를 늘리겠다는 공약과 4차산업혁명 지원 공약 간의 충돌이 눈에 띈다. 4차산업혁명은 필연적으로 일자리 감소를 초래할 수밖에 없다. 물론 사라지는 일자리보다 더 많은 일자리가 새롭게 창출될 것이라 전망하는 학자도 있다. 하지만 이들조차도 일자리의 소멸과 창출 사이에 실직의 고통을 감내해야 할 일정 정도의 시간 격차가 존재한다는 사실마저 부정하지는 않는다. 그리고 그 시간 격차의 길이는 당연히 대통령 재임 기간인 5년보다 길다.

「유감스러운 대선판 4차산업혁명 바람」, 《주간경향》 2017년 2월 21일

홍기빈 글로벌정치경제연구소장은 문재인 후보와 안철수 후보의 4차산업혁명 관련 공약에 대해 "'국가냐 시장이냐'는 해묵은 산업시대 논쟁 틀의 재판일 뿐, 정작 핵심어가 되어야 할 '사회' 그리고 '사회 혁신'은 찾을 수가 없다"고 비판했다.

군소 후보들도 4차산업혁명에 대한 공약을 쏟아내기는 마찬가지였다. 이범희 기자는 "안희정 충남지사는 신융합산업과 연구개발$^{R\&D}$ 분야를 육성하겠다는 계획이다. 우선 대기업

간 내부거래 및 지식재산권 침해 등 문제점을 바로잡아 4차산업혁명 시대를 대비한 환경을 만들어놓겠다는 생각이다. 이재명 성남시장은 기술 진보로 발생하는 일자리 감소 등 성장의 반대급부 대비책에 초점을 맞추고 있다. 이 때문에 이 시장은 기본소득을 내세우고 있다. 유승민 바른정당 의원은 4차산업혁명 시대에 일자리 감소에 대비해야 한다는 입장이고, 남경필 경기도지사는 단기 일자리에 따른 불안정성을 해소하기 위해 사회보험 적용 확대 및 계약관계의 공정성 강화 등을 강조하고 있다"고 정리했다.

하지만 문재인을 제외한 그 어떤 후보도 특별히 비판받지는 않았는데, 그 이유는 딱히 비판을 받을 정도로 구체적이지 않았고 또 당선 가능성이 낮았기 때문인 것으로 보인다. 문재인 후보가 대통령에 당선된 이후에도 걱정은 계속된다.

오타와 대학의 초파리 유전학자 김우재 교수는 그 이유에 대해 "박정희는 기술 중심의 경제발전정책을 정치적으로 포장하기 위해 과학을 일종의 이념으로 활용했고, 그 패러다임 아래서 한국의 과학기술정책은 경제발전의 논리에 봉사하는 도구로 전락해왔다. 문재인 대통령의 편지에서도 과학과 기술의 혼란한 동거가 발견된다. 과학이 불확실성과의 긴 싸움이라는 인식이 드러나지만, 편지의 마지막에서는 과학기술의 성취는 일자리를 늘리는 도구라는 관점이 재등장하기 때문이다"라고 말한다. 과학을 경제 발전의 도구로만 사용하려는 태도에서 박근혜의 창조경제와 문재인의 4차산업혁명 사이의 차이점을 발견하지 못했다는 것이다.

## 위협인가 기회인가?

급진진보좌파는 대체로 4차산업혁명이라는 용어를 받아들이려 하지 않는다. 많은 정보화 담론이 결국 전형적인 자본의 논리로 활용되어 노동시장의 '유연화'에 기여했다는 경험에 대한 거부감이 작용한 것이다. 그런데 장흥배 노동당 정책실장은 다르다.

그는 "일부 좌파가 싫어하든 말든 4차산업혁명으로 불리는 모종의 변화는 실재한다. 인공지능$^{AI}$, 3D 프린터, 가상현실$^{VR}$, 사물인터넷$^{IoT}$ 등의 정보기술이 가져왔거나 가져올 생산력의 도약은 이제 막 기지개를 켠 상태이다"라고 단언한다. 그러면서 "4차산업혁명은 18세기 후반 남성 숙련 노동자들을 위협했던 기계처럼 거대한 재앙"일 테지만 "자본주의적 사적 소유제도의 불의와 비효율성을 실제 경제 모델을 통

부록 / 4차산업혁명을 바라보는 여러 가지 시선

해 보여줄 수 있"으며 "4차산업혁명으로 지칭되는 현상들은 사적 소유의 자유주의적 정당화 사상과 이론들을 공격하고 허무는 방향으로 나갈 수 있"을 것으로 기대한다.

그러면서 그는 "모든 소득의 90%는 이전 세대에 의해 축적된 지식을 활용하여 획득한 것이므로 세금으로 환수하여야 한다"는 노벨 경제학상 수상자 허버트 사이먼의 주장을 인용하면서 기본소득 정책을 주장한다. "노동시간을 획기적으로 줄이고 '임금 노예'들을 노예 상태에서 해방시키는 기본소득인가, 장시간·불안정 노동을 악착같이 고수하면서 그저 체제의 연명을 위한 기본소득인가"가 문제일 뿐, 기본소득은 이제 곧 최대의 쟁점이 될 것으로 예측한다.

우파 필자들이 4차산업혁명에 대한 일방적인 환상을 심어주는 칼럼을 쓰는 데 반해 좌파 필자들은 4차산업혁명을 부인하든지 위협을 강조하는 게 일반적이다. 그런데 희한하게도 4차산업혁명이 새로운 기회가 될 것이라는 점을 구체적인 근거를 들어 주장하는 사람 역시 진보적인 필자들인데, 이명호 여시재 선임연구원이 대표적이다.

이명호는 우선 한계에 달한 한국 경제를 진단한다.

한국은 선진국이 하던 일을 빠르게 배워, 복제하여 산업을 키우는 빠른 추격자 전략으로 2006년에 1인당 국민소득 2만 달러라는 한강의 기적을 일으킨 나라다. 그러나 주요 선진국들이 2만 달러에서 3만 달러로 진입하는 데 5~6년 걸린 데 비해 우리나라는 12년째 3만 달러의 문턱을 넘지 못하고 있다. 중진국의 함정에 빠진 것이다."

「4차산업혁명, 누구에 의한 무엇을 위한 혁명인가?」

어찌해야 할 것인가? 이때 우리가 이구동성으로 하는 이야기는 추격형 경제로는 더 이상 답이 안 나오니 얼른 선도형 경제로 바꿔야 한다는 것이다. 그런데 이명호는 우리가 여전히 추격형 사고방식에서 벗어나지 못하고 있다고 꼬집는다.

정부는 각 부처마다 4차산업혁명 (중략) 에 대한 대책을 내놓으라고 재촉하고 있는 상황이다. 한술 더 떠 국회는 '제4차산업혁명 촉진기본법' 제정을 추진하고 있다. 혁명을 촉진하는 법이라는 것이 있을 수 있는가? 말마따나 혁명은 어떻게 될지 모르는 주체 세력과 저항 세력 간의 역동적인 투쟁의 과정이다. 혁명을 틀 안에 가둘 수 있다면 이것은 혁명이 아니다. 법을 만들어 4차산업혁명은 뭐라고 정의하는 순간 이것은 혁명을 가로막는 또 다른 규제가 되는 것이다. 왜 대중의 역동성을 이끌어내는 자유로운 공간을 열지 못하고, 틀을 만들어 이 안에서 통제하려고 하는가? 4차산업혁명에 발 빠르게 대응한다는 이런 사고 자체가 모방적 사고이고 이런 사고 풍토에서 4차산업혁명에 성공할 수 있을까 의문이 든다.

「4차산업혁명, 누구에 의한 무엇을 위한 혁명인가?」

4차산업혁명으로 인해 일자리가 부족해질 것이라는 게 가장 큰 걱정이다. 하지만 이명호 연구위원은 "한국은 저출산과 고령화라는 양대 트랩으로 인해 2020년에는 총 노동 수요가 공급을 초과하여 노동력 부족이 발생하고, 이는 경제 성장률 하락으로 이어질 전망이다"라고 하면서 초고령화 사회로 진입하고 있는 한국 사회에는 오히려 기회라고 주장한다. 4차산업혁명에 의한 일자리 감소가 저출산, 고령화에 따른 노동력 공급의 감소로 상쇄될 것이기 때문이다

4차산업혁명을 새로운 도약의 기회로 삼을 것인가, 아니면 또 한 번 예산을 왕창 쓰고서 그 어디에서도 사용되지 않은 기술을 개발할 것인가는 정부가 어떤 사고방식에 따라 작동하느냐에 달려 있다.

## 정부는 무엇을 해야 하나?

우리나라는 과연 4차산업혁명을 잘 준비하고 있을까? 4년 동안 국정이 농단당하는 사이에 그 준비를 잘했을 리가 없다. 2016년 세계경제포럼 이후 스위스 최대 은행인 유니언뱅크가 발표한 '국가별 4차산업혁명 적응 준비 순위'에서 한국은 조사 대상 139개 나라 중 25위를 기록했다. 중국(28위)과 비슷한 위치였다. 세부 항목별로는 기술 수준에서 23위, 교육시스템에서 19위, 노동시장의 유연성에서 83위 등의 순위를 보였다(노동 유연성이 낮다는 평가는 우리를 두렵게 한다).

정부의 역할에 대한 요구는 크게 규제 완화와 혁신으로 나뉜다. 김은경 경기연구원 선임연구원은 규제 완화를 요구한다. 기존의 제조업 시대에 걸맞은 규제 패러다임을 디지털 경제 시대에 맞게 바꾸라고 요구한다. 포지티브 규제에서 네거티브 규제로 완전히 전환하라는 것이다. 이 말은 할 수 있는 것을 법으로 규정하는 대신, 하면 안 되는 것만 적시하라는 것이다. 실제로 여야 의원들이 함께 발의한 법안은 네거티브 규제를 지향하고 있다.

노수린 교수 역시 우선적으로 "공유경제, 핀테크, 원격 의료, 드론 등 신산업의 정착과 확산을 가로막고 있는 제반 규제부터 풀"어야 하지만 4차산업혁명 관련 공약 어디에도 규제 완화나 규제 철폐에 대한 구체적인 내용은 보이지 않아서 걱정이라고 말했다.

최형욱 〈서울경제〉 기자는 4차산업혁명에는 민간 주도의 자율성과 창의성이 생명이므로 규제 완화가 필수라고 주장하면서 "원격 진료, 인터넷 전문은행, 빅데이터, 핀테크, 전기자동차 등과 관련된 여러 지원 법안에 사사건건 제동을 건 것도 지금의 야당"이라고 지적했다.

채수웅 기자는 "'혁명'이란 사회경제제도나 조직을 근본적으로 바꾸는 행위다. 갑작스럽게 진행된다. 마치 카스트로와 체 게바라가 이끄는 혁명군처럼. 정말 네 번째 혁명이 눈앞에 다가온 것일까?"라고 물으면서도 우리에게 당장 필요한 것은 성찰이라고 말한다. "사실 3차든 4차가 됐든 중요하지 않다. 다만, 지금 이 나라에 불고 있는 4차산업혁명 열풍이 우려되는 것은 현재에 대한 정확한 진단과 반성 없이 유행에 편승한 정치적 구호에 머무를 경우 사회와 경제는 오히려 퇴보할 수도 있기 때문이다. 4대강 사업처럼 말이다." 그는 새로운 것을 하느니 차라리 기존의 나쁜 것을 하지 말라고 요구한다.

"국회서 혁신을 담당하고 있는 미래창조과학방송통신위원회(미방위)는 정쟁에만 관심 있을 뿐 4차산업혁명을 앞당길 법안 통과는 외면한다. 액티브X 때문에 중국인들이 '천송이 코트'를 사지 못한다는 대통령의 말 한마디에 난리가 났지만 결과는 또 다른 실행 파일 exe였다. 여전히 연말정산은 윈도에서만 가능하고 여러 개의 액티브X를 깔아야 하는 것이 대한민국의 현주소다. 그런데 4차산업혁명이라니. 거창하게 새로운 걸 하겠다고 하는 것보다 차라리 기존의 나쁜 것부터 하지 않겠다고 하는 게 순서가 아닐까."

「4차산업혁명이 만병통치약?」, 〈디지털데일리〉 2017년 2월 22일

홍기빈 글로벌정치경제연구소장은 사회 혁신이 활발히 벌어지고 이것이 다시 4차산업혁명 시대의 새로운 산업 기술 도입의 역동성으로 연결되려면 전면적인 사회 개조가 필요하다고 역설하면서, "사람들이 좀 더 자신감을 가지고 이 새로운 산업 변화에 주역으로 뛰어들 수 있도록 복지(혹은 기본소득)와 교육을 강화하고, 노동 시간을 줄여나가야 한다. 한마디로 사회를 더 '소프트'하게, 더 역동적으로, 더 수평적이고 민주적으로 고쳐나가야 한다. (중략) 인간-사물-자연-사회가 전방위적으로 연결되는 '초연결성'이란 그때에 비로소

실현될 것이며, 현재의 여러 기술적 혁신에 잠재되어 있는 놀라운 생산성은 그때에 비로소 충분히 풀려나오게 될 것이다"라고 주장한다. 그러면서 구체적인 모범이 필요하다면 최근 몇 년간 박원순 서울시장이 추진해온 '사회 혁신' 실험을 참조할 것을 요구했다.

4차산업혁명에 관해서는 중앙정부보다 지방정부가 오히려 더 소중한 경험을 많이 했다. 이명호 연구위원은 4차산업혁명의 동력이 지방 분권화에 있다고 주장한다. 그는 심지어 "중앙정부의 행정권을 일부 이양받은 수준이 아닌 경제 권력의 분권화를 통한 지자체 간의 실험과 경쟁 유도가 필요하다. 중앙정부의 역할을 지방정부에 대폭 이양해야 한다. 지방자치 수준이 아니라 지방정부라는 개념에서 독자적인 세수와 예산을 기반으로 경제 정책을 수립, 운영할 수 있도록 하는 개헌이 필요"하다고 주장할 정도다.

나는 4차산업혁명의 주체는 정부가 아니라 현장의 연구자들과 이것을 생산해내는 기업이어야 한다고 생각한다. 정부는 개별적인 연구자가 갖기 어려운 전체적이고 장기적인 안목을 유지하고, 연구자들을 위한 인프라를 확충하고 법과 정책으로 기업을 뒷받침하는 일을 해야 할 것이다. 대통령과 중앙정부는 과학 연구에 개입하는 대신 조정자의 역할을 잘

해주기 바란다.

4차산업혁명은 경제만의 문제는 아니라고 이필렬 방송대 교수는 주장한다. 이필렬 교수는 4차산업혁명의 바탕은 디지털 기술인데, 이 기술은 국가와 재벌이 발전시킬 수는 있지만 이런 식의 발전에는 한계가 있다고 지적한다. 재벌이 모든 분야에서 좋은 인재를 흡수하고 강력한 힘을 행사하는 나라에서는 게임 체인저$^{Game\ Changer}$가 탄생할 수 없다는 것이다. 게임 체인저란 경기 규칙을 바꾸어 새로운 경기를 만드는 사람을 말한다. 스티브 잡스, 마크 주커버그, 래리 페이지, 세르게이 브린, 데미스 하사비스 같은 이들을 일컫는 말이다. 4차산업혁명을 위해 재벌 개혁이 필요하다고 이필렬 교수는 말한다.

> 먼저 재벌 체제를 타파하고, 공무원과 공사 체제를 개혁하고, 패자가 부활할 수 있는 다양한 경로를 만들어줌으로써, 창의적 아이디어가 분출되고 결실을 맺을 수 있도록 하는 것이다. 이는 4차산업혁명을 위한 위원회나 민간기구 몇 개 정도로는 어림도 없는 일이다. 경제, 교육, 노동, 복지 정책이 모두 달려들어야만 가능한 일이다."
>
> 「4차산업혁명이 성공하려면」, 〈경향신문〉 2017년 4월 20일

게임 체인저의 공통점은 놀랄 만큼 젊다는 것이다. 그래서 이근 서울대 국제대학원 교수는 '세대 교체'를 요구한다. "서글픈 일이지만 4차산업혁명과 함께 쏟아지는 새로운 기계와 연결과 언어에 대해서 배우고 선도하기에는 아무리 재교육을 받는다 하더라도 필자를 포함한 나이 든 세대는 이미 젊은 세대의 경쟁 상대가 되지 못한다. 이것이 젊은이들이 전면으로 나서야 하는 진짜 이유"라는 것이다.

〈경향신문〉 2017년 2월 25일 자 기사에서 정재승 카이스트 교수는 "4차산업혁명이 왔는지, 올 것인지는 불분명하지만 앞으로 기존 패러다임으로는 설명하기 어려운 변화가 많이 일어날 것이라는 것은 분명하다. 그렇게 되면 이전 산업들도 엄청난 변화를 겪을 텐데, 우린 아직 그런 변화를 겪을 준비가 안 됐고 여러 법적·사회적 제도도 마련돼 있지 않다"고 지적했다. "정부가 경제성장 관점에서 국가를 운영하고 과학기술을 '성장 동력'으로만 바라본다면 4차산업혁명에 제대로 대비할 수 없다. 완전히 새로운 패러다임으로 접근해야 할 필요가 있다"는 그의 말에 과학자들은 대개 동의한다.

서두에서 거론한 장석권 교수의 다섯 가지 질문에 대해 우리는 아직 충분히 검토하지 못했다. 장석권 교수 역시 자신의 칼럼에서 간략한 기준을 제시했을 뿐이다. 4차산업혁명은 실체일까? 5년 안에 가시적 변화가 만들어지면 실체, 그렇지 못하면 허상이다. 문재인 정부의 임기가 끝날 즈음에는 답이 나온다는 말이다. 당연히 실체이기를 바란다. 4차산업혁명이 정말로 혁명이라면 피바람이 지나간 후 새로운 신천지가 열릴 것이고, 진화라면 조금 더 나아진 세상에 만족해야 할 것이다. 다만 헛짓이어서 시간과 정력을 낭비한 결과가 아니기를 바랄 뿐이다.

4차산업혁명 자체가 목표여서는 안 된다. 수단이어야 한다. 하지만 '무엇'을 향해 가는 수단인지 우리는 논의하고 있지 않다. 그래서 걱정이다. 4차산업혁명은 고수익 투자 상품과 같다. 크게 베팅해야 크게 건질 수 있을 것이다. 장석권 교수의 말처럼 "전 세계적으로 벌어지고 있는 4차산업혁명 경쟁 게임에서 우리의 미래 운명을 좌우할 최적의 전략적 포지션을 찾아내"기 위해 "매우 고통스러운 자기성찰"이 요구될 것이다.

#### ⊙ 이정모

안양대학교 교양학부 교수와 서대문자연사박물관 관장을 거쳐 현재는 서울시립과학관장으로 일하면서 대중의 과학화를 위한 저술과 강연활동을 하고 있다. 저서로는 『달력과 권력』, 『공생 멸종 진화』, 『유전자에 특허를 내겠다고?』 등이 있으며, 공저서로는 『해리포터 사이언스』, 역서로는 『인간 이력서』, 『매드 사이언스 북』 등이 있다.

**인용한 칼럼**

김기봉, 「제4차산업혁명, 유령인가 미래인가」, 〈조선일보〉 2017년 5월 24일

김우재, 「문재인 정부의 과학」, 〈한겨레〉 2017년 5월 22일

김은경, 「제4차산업혁명과 새 정부의 규제개혁방향」, 〈중부일보〉 2017년 5월 23일

김진형, 「4차산업혁명, 용어의 유행과 본질」, 〈Korea IT Times〉 2017년 5월 21일

노수린, 「4차산업혁명, 누구를 위한 기술인가」, 〈넥스트데일리〉 2017년 3월 3일

민경배, 「유감스러운 대선판 4차산업혁명 바람」, 〈주간경향〉 2017년 2월 21일

봉성창, 「4차산업혁명, 누구냐 넌 ① 실체가 없다?」, 〈비즈한국〉 2017년 5월 19일

송진식, 「4차산업혁명, 이대로 괜찮습니까」, 〈경향신문〉 2017년 2월 25일

이근, 「젊은이들이 나서야 하는 진짜 이유」, 〈경향신문〉 2016년 4월 7일

이명호, 「4차산업혁명, 누구에 의한 무엇을 위한 혁명인가?」, 〈IT조선〉 2017년 4월 8일

이범희, 「너도나도 '4차산업혁명' 띄우기 발언」, 〈일요서울〉 2017년 3월 3일

이정모, 「문재인 대통령에게 바랍니다」, 〈한국일보〉 5월 16일

이필렬, 「4차산업혁명이 성공하려면」, 〈경향신문〉 2017년 4월 20일

장강명, 「심오롭고 공허한」, 〈한국일보〉 2017년 5월 11일
장석권, 「4차산업혁명에 대한 5가지 질문」, 〈디지털타임스〉 2017년 4월 13일
장흥배, 「4차산업혁명과 기본소득」, 〈한겨레〉 2017년 4월 19일
채수웅, 「4차산업혁명이 만병통치약?」, 〈디지털데일리〉 2017년 2월 22일
최형욱, 「대선 주자들의 4차산업혁명 타령」, 〈서울경제〉 2017년 3월 30일
홍기빈, 「4차산업혁명과 '사회 혁신'」, 〈경향신문〉 2017년 4월 21일

**찾아보기**

##### 숫자·영문

1차산업혁명 6, 10, 19~21, 133
2차산업혁명 6, 10, 28
3차산업혁명 10, 28, 64, 114, 115, 136~139
4대강 사업 7, 101, 149
ICBM 67, 68, 72, 78, 79, 93

##### ㄱ

가상현실 7, 50, 102, 118, 144
강남역 살인사건 49
공유경제 6, 40, 52, 54, 65, 148
교육 8, 12, 13, 42, 92, 121, 141, 148, 150, 152, 153
구글 프린트 10, 11
구의역 청년노동자 사망 49

기계파괴주의 19, 25
〈기획회의〉 8, 9
긱 경제 52

##### ㄴ

네드 러드 19, 25, 32
〈노 맨스 스카이〉 66, 80~83, 93

##### ㄷ

다보스 포럼 6, 7, 22, 39, 102, 108, 114, 127
닷컴버블 43
데이터 29, 48, 49, 68, 70~72, 76, 87, 94
〈동두천〉 50

―― ㄹ

랭던 위너 29, 32, 53

러다이트 운동 19~21, 24, 25,
30~32, 36

로봇 10, 20, 24, 44, 113, 117, 134,
138

―― ㅁ

만물인터넷 115

메이커 운동 6, 40, 47, 53, 55

모바일 5, 55, 62, 63, 67, 68, 78, 79,
83, 85, 93, 137

문재인 7~9, 13, 99~102, 106~109,
138, 141~144, 154

미래창조과학방송통신위원회 150

―― ㅂ

박근혜 정부 7, 8, 40, 99~104, 106,
109, 141

박정희 8, 100, 103, 141, 143

빅데이터 5, 7, 29, 47~49, 54, 55,
66, 69, 71~73, 76~78, 85~87,
91, 93, 94, 117, 149

―― ㅅ

사물인터넷 5~7, 20, 24, 40, 47, 61,
67~70, 78, 93, 102, 106, 134,
141, 144

삼성 105, 106

서동진 5

소셜미디어 66, 85~87, 89, 118

스마트폰 11, 32, 63, 78, 101

스타트업 61

스티브 잡스 27, 28, 152

시리 76

실리콘밸리 43, 116

―― ㅇ

안철수 8, 100, 141, 142

알고리즘 42, 48, 49, 66, 67, 80~83

알파고 22, 27, 101, 113, 134

〈야생의 땅 : 듀랑고〉 83

양극화 28

에어비앤비 61

〈엘더 스크롤 II〉 82

엘리트 41, 42, 44~47, 56

오픈마켓 63, 64

우버 52, 61

유비쿼터스 62
인공지능 5~7, 9~12, 20, 22~25,
  28, 29, 33, 40, 42, 44, 45, 47, 50,
  51, 54, 55, 61, 66, 72, 74, 76, 94,
  113, 115, 117, 123, 124, 127,
  137, 138, 140, 144
인더스트리 4.0 8, 44, 62, 100, 114,
  134, 135
『인에이터블 미래의 정체』 121
『인포메이션』 115
일자리 9, 19, 21, 22, 25~28, 35,
  45, 47, 55, 127, 142~144, 147

—— ㅈ
자동번역 124, 125
자율주행 자동차 7, 10, 75, 117,
  124, 141
정경유착 106
〈정글의 법칙〉 87~90, 92, 93
증강현실 6, 7, 40, 47, 49, 50, 54,
  102, 139

—— ㅊ
창조경제 7~9, 40, 99~107, 109,
  140, 141, 144
초연결 93, 115~122, 150

—— ㅋ
케빈 애쉬튼 68
클라우드 5, 61, 67, 68, 70, 71, 93
클라우스 슈밥 61, 108, 114,
  136~138, 140

—— ㅌ
문해력 35, 55
텍스트 마이닝 86

—— ㅍ
포털 63, 64
플랫폼 47, 52~54, 63, 64, 72, 117,
  120, 123
피드포워드 머신 73, 74

—— ㅎ
데미스 하사비스 27, 28, 152
한 권의 책 11
『해리 포터』 125

# 4차산업혁명이라는 거짓말

2017년 9월 7일 1판 1쇄 인쇄
2017년 9월 18일 1판 1쇄 발행

지은이 —— 손화철, 이광석, 이정모, 이정엽, 임태훈, 장은수, 한기호
펴낸이 —— 한기호
편　집 —— 오효영, 유태선, 김미향, 염경원
경영지원 —— 김나영
펴낸곳 —— 북바이북
　　　　출판등록 2009년 5월 12일 제313-2009-100호
　　　　121-839 서울시 마포구 동교로 12안길 14(서교동) 삼성빌딩 A동 2층
　　　　전화 02-336-5675　팩스 02-337-5347
　　　　이메일 kpm@kpm21.co.kr
　　　　홈페이지 www.kpm21.co.kr

ISBN　979-11-85400-74-7　03300

북바이북은 한국출판마케팅연구소의 임프린트입니다.
책값은 뒤표지에 있습니다.